나는 매일 아침 솔숲에 다녀온다

조 헌

서울 출생. 동국대학교 국어국문학과, 문화예술대학원 졸업. 《수필춘추》 2006년 여름호 신인상. 2011년 제4회 《한국산문》 문학상, 2013년 제7회 《계간문예》 수필문학상 수상. 수필집 《여전히 간절해서 아프다》(2013), 《모든 벽은 문이다》(2019), 《나는 매일 아침 솔숲에 다녀온다》(2023), 수필선집 《추전역을 아시나요?》(2020) 출간. 한국문인협회, 북촌시사 회원.

나는 매일 아침 솔숲에 다녀온다

초판발행 2023년 11월 10일

지은이 조헌
펴낸이 신지원
펴낸곳 도서출판 소소담담
등 록 2015년 10월 7일(제2017-000017호)
주 소 대구광역시 북구 호국로43길 7-19
전 화 053-953-2112

값 17,000원

ISBN 979-11-983129-2-1 (03810)
ⓒ 조 헌 2023

*저자와 출판사의 사전 동의 없는 무단 전재 및 복제를 금합니다.

나는 매일 아침 솔숲에 다녀온다

조 헌 수필집

소소담담

- 책을 펴내며

어쭙잖은 재주로 시작한 글쓰기가
어느덧 이십 년을 향해간다.
시작할 때 가졌던 다짐은
깎기고 닳아 흔적뿐.
해가 갈수록 글맥 잡기가
태산 넘듯 버겁다.

그간 두 권의 수필집과
선집 한 권을 묶었다.
허접한 글 뭉치를 아무렇게나 던져놓고
나 몰라라 또 책상에 앉곤 했다.
여기저기 내놓은 글이 다시 한 묶음
누옥일망정 새 모둠자리를 엮는다.

옹골진 결실은 아니더라도
수없이 돌아보며 매만진 열매들이다.
거칠고 소소한 솜씨일지라도
쉼 없이 씨 뿌리고 솎아 나갈 참이다.

살면서 맺은 인연이 다사롭다.
덮고 감싸고 다독여 준 사람이 부지기수다.
정 깊어, 눈빛 고운 분들께
옷깃 여미며 이 책을 올린다.

2023년 10월

조 헌

차 례

책을 펴내며 · 4

1부 꽃보다 사람

사랑이 답이다 · 13

마음속 버팀목 · 18

벽, 담, 문 · 23

가슴 아픈 비상飛上 · 28

모든 벽은 문이다 - 둘 · 35

구원환상 · 41

꽃보다 사람 · 47

묵직한 고추장 단지 · 54

세상은 '불난 집' · 60

잘 아문 상처에선 향기가 난다 · 66

스미듯 번지는 향기 · 72

2부 죽음, 삶을 가르치다

나는 매일 아침 솔숲에 다녀온다 · 79

아니티야 · 84

목불木佛은 불속을 지날 수 없다 · 89

소리, 비워내다 · 94

백운이 청산에 공연히 왔다가네 · 99

아난阿難, 고개를 끄덕이다 · 105

죽음, 삶을 가르치다 · 110

비둘기의 무게 · 115

꿈속에서 또 꿈을 · 120

천천히 아주 천천히 · 126

돌에 새기면 오래 갑니다 · 131

모든 건 순간일 뿐 · 136

3부 나로부터 비롯되나니

그냥 당할 수 있다 · 143

나, 대한민국 국민 아닙니다 · 149

노력 신앙 · 155

하게끔 · 160

나로부터 비롯되나니 · 165

스스로 보석이 되려 하오 · 170

스승은 자신이 만든다 · 175

맑은 차를 따르고 향을 사르네 · 180

빨강, 도발과 유혹 · 186

재수 옴 붙다 · 190

부끄러움, 땅에 처박히다 · 196

내 안의 물고기 · 202

며느리 복은 하늘이 준다는데 · 208

4부 쫀득한 장수 비결

애기똥풀 · 215

쫀득한 장수 비결 · 221

대추나무와 아버지 · 226

남의 것도 아껴라 · 231

색난色難, 효도의 어려움 · 237

손등 상처 · 242

풀 수 없는 보따리 · 247

동치미국수 · 252

불로초는 없다 · 257

세월이 치료하면 · 262

슬픈 수컷 · 267

수필을 담그다 · 273

【해설】 이야기 수필의 장을 열다 | 신재기 · 277

1부
꽃보다 사람

사랑이 답이다

잡지사로부터 '나는 무엇으로 사는가'라는 기획 특집 원고청탁을 받았다. 불현듯 살아왔던 날들과 앞으로 남은 삶을 툭툭 떠올려 본다. 짜임새 없이 무턱대고 살아온 나로서는 선뜻 책상에 앉기가 난감했다. 그나마 앞뒤 없이 스치는 생각들을 자꾸 가로막는 것이 있었다. 톨스토이의 단편소설 〈사람은 무엇으로 사는가〉였다. 그 내용이 선명한 영화 속 장면처럼 지워지지 않고 내 생각의 발목을 틀어쥐었다. 매일 좋은 책이 무수히 쏟아지는 시대에도, 고전에는 투박하지만 단단하게 뿌리내린 산맥 같은 힘이 있었다.

톨스토이는 이 작품에서 '사람의 마음속에는 사랑이 있다',

그리고 '사람에겐 자신에게 무엇이 필요한가를 예측하는 힘이 주어지지 않았다'면서, '그럼에도 사람은 역시 사랑으로 산다'고 갈파했다. 중학교 때 처음 읽었지만, 수없이 고개를 끄덕이며 몇 번을 되읽었던 책이다.

아무리 뉘를 탓해도 밥그릇 안에는 뉘보다는 쌀이 많듯, 평탄지 않은 세상, 험한 상황에서도 모진 사람보다는 가슴 따뜻한 사람이 훨씬 더 많기 마련이다. 그리고 예측할 수 없는 것이 인생이라면서도 얼마나 많은 사람이 나름의 선한 계획과 성실한 몸짓으로 최선을 다해 살아가며 천명을 받아들이는가. 따라서 세상을 움직이는 것은 사람의 온기, 즉 사랑이 아닐까 싶다. 사람들은 지혜나 힘으로 사는 것이 아니라, 사랑으로 산다는 톨스토이의 이 화두가 새삼 머릿속을 떠나지 않는다. 이제는 너무 오래돼 낡은, 그의 단편집을 찾아 쌓인 먼지를 턴다.

돌이켜보면 나는 싱거우리만큼 덤덤한 삶을 살아왔다. 실향민 부모를 둔 넉넉지 못한 가정형편, 하지만 품 넓은 양친과 형제들 속에서 수더분하게 성장했다. 별달리 내세울 것 없는 재능에 변변치 못한 생김새, 앞서기는커녕 늘 두어 걸음 처져야 맘이 놓이는 성품이었다. 그저 남에게 폐 끼치지 말라는 부모의 성화에 뼛속 깊이 새겨진 겸손과 배려가 디딤돌이자 걸림돌이었다. 게다가 대학을 졸업하고 곧바로 몸담은 교직에서 삼십 년 넘게 아이들과 뒤섞여 서로 가르치며 함께 배웠다. 어깨동무만 할 수 있으면 가르치는 일이 가장 크게 배우는 일임을 스스로 터득했다. 사랑은 상대가 변화할 수 있도록 마음의 공간을 넓혀 주는 것이고, 스스로 깨달을 수 있도록 끝없이 기다리는 것임을 새기며, 삶의 강물을 몸소 젓는 노 힘으로 무던히 건너왔다. 용서 없는 사랑은 존재할 수 없다는 것을 깨달은 시기였다. 대단한 성과는 아니더라도 내게는 긍지와 보람을 바탕으로 꾸밈없이 쌓아온 작지만 견실한 탑이었다.

일찍이 자공이 스승인 공자에게 물었다.

"목숨이 다하는 날까지 반드시 행할 한 마디가 있다면 무엇입니까?"

공자는 주저 없이 '서恕'라고 답했다. 용서할 '서恕'는 '같을 여如'와 '마음 심心'이 합쳐진 말이다. 나의 처지와 남의 사정을 서로 바꾸어 헤아리는 마음이다. 이런 역지사지의 마음을 지닐 때 비로소 공감이 가능하고 타인에게 따스한 손길을 내밀 수 있다. 용서야말로 널찍하고 푼푼한 사랑의 또 한쪽 길이 아닐까.

어제(2023년 5월 19일) 저녁이었다. 28년 전(1995년), 삼풍백화점 붕괴 참사로 세 딸을 모두 잃은 뒤 일평생 나눔을 실천하며 살아온 한 원로 변호사가 향년 85세로 세상을 떠났다. 참척의 고통을 사랑과 나눔의 보람으로 승화시켰던 정광진 변호사의 일생은 많은 사람의 마음을 잔잔히 흔들었다.

두 눈의 시력을 잃은 채, 우수한 성적으로 미국 유학까지 마친 큰딸은 모교인 서울맹학교에서 교사로 근무했다. 그렇게 꿈을 키우기 시작한 지 겨우 9개월째, 학교에서 쓸 물건들을 사겠다고 두 동생과 백화점에 갔다가 결국 영영 돌아오지 못했다. 딸 셋은 당시 모두 20대였다.

어찌 그에게 운명에 대한 원망과 분노가 휘몰아치지 않았겠는가. 졸지에 세 딸을 앞세운 정 변호사는 슬픔을 억누르며 딸의 유지를 묵묵히 이어갔다. 보상금 7억 원에 개인 재산까지 보태 13억 원으로 장학재단을 설립한 뒤, 딸의 모교이자 첫 직장이었던 서울맹학교에 아낌없이 기탁했다. 그 후에도 장애인에 대한 사랑은 식을 줄 몰랐다. 딸들에 대한 사랑을 사회와 이웃으로 확대한 정 변호사가 혀를 깨물며 삶을 버틸 수 있었던 힘은 불문가지 오로지 사랑이 아니었을까. '위대한 행동이라는 것은 없다. 위대한 사랑으로 행한 작은 행동들이 있을 뿐이다'는 테레사 수녀님의 말씀을 삼가 그의 영전에 바친다.

겨우내 식물의 성장이 가능한 온실은 따뜻한 실내 온도를 유지하기 위해 지붕을 유리로 만든다. 햇빛으로부터 받아들이는 열은 단파장이므로 유리를 통과하지만 일단 들어와 따뜻하게 퍼지면 열이 장파장이 되어 온실 속에 머물게 된다. 그래서 그 열로 인해 한겨울에도 나무와 꽃이 온전할 수 있다는 거다.

우리들의 사랑도 간곡하게 주었을 때 사랑하는 사람의 마음속에 단파장으로 들어가서는 감동의 파장으로 퍼져서 차곡차곡 고이는 것은 아닐지.

이제야말로 나이를 먹으며 내가 가장 자연스럽게 할 수 있는 일은 주변을 사랑하는 일이다. 따뜻한 눈으로 힘을 보태고, 부드러운 손으로 어루만지는 일은 여전히 가능하다. 아직도 사랑할 사람이 주변에 넘쳐 다행이다. 사랑할 시간이 무한정 남아 있진 않을 테니까.

마음속 버팀목

 습기를 머금은 구름이 온 하늘을 덮은 채, 제 무게를 견디지 못하고 잔뜩 처져 있었다. 우중충했던 2월의 오후다. 운동장을 가로지르며 내가 잡은 그의 손은 빨갛게 얼어 가볍게 떨리고 있었다. 회한과 후회가 가득 담긴 눈빛으로 그는 무슨 말을 하려는지 두어 번 멈칫거렸으나 끝내 입을 꽉 다물고 희뿌연 하늘을 올려다보았다.
 고등학교에 부임하자마자 일 학년 담임을 맡아 첫해를 보내고 학년을 마무리할 때였다. 전혀 예상치 못한 일이 벌어졌다. 그가 동네 불량배들 패싸움에 연루돼 경찰서에 입건됐다는 연락을 받은 거였다. 상대 쪽 피해가 너무 심해 언론에까지 보도

되었다. 그의 가담 정도는 미약했으나 교외 폭행 사건이라 학교는 서둘러 퇴학 처분을 내렸다.

"이유야 어찌됐든 신중해야 했어. 자기 행동에 대한 책임은 스스로 져야 한다. 무슨 일이 있더라도 희망과 용기를 잃지 않도록 해라. 서울로 들어오는 길은 남태령을 넘는 것 말고도 인천이나 의정부, 또는 양평을 통해서도 얼마든지 올 수 있단다. 이번 일이 앞으로 살아가는 데 커다란 교훈과 지침이 되기 바란다."

좀 더 살가운 말을 찾았으나 딱한 마음에 말문이 막혀 나는 그냥 그의 어깨를 감싸 안으며 등을 한참 도닥여 주었다. 그는 그렇게 학교를 떠났다. 어느덧 40년 전 일이다.

선생님! 그간 평안하셨습니까? 기억하실지 모르지만 30여 년 전, 불미스러운 일로 학교와 선생님 곁을 떠난 C입니다. 몇몇 만나는 친구를 통해 선생님 소식은 줄곧 듣고 있었지만, 차마 용기가 나지 않아 이제야 안부를 여쭙니다. 죄송합니다. 조만간 찾아뵙고 인사 올리고 싶습니다.

느닷없이 온 휴대전화 문자였다. 하도 뜬금없어 잠시 어리쳤지만 먼 기억 속 시간을 헤치고 열여섯 어린 그가 어슴푸레 걸어 나오고 있었다. 첨부한 명함을 보니 세무사가 되어 있었고, 놀랍게도 내 집 근처에 사무실이 있었다.

며칠 후, 우리는 어느 식당에서 마주했다.

"교문까지 따라 나와 보듬어주셨던 그 모습을 한 번도 잊어본 적이 없습니다. 더없이 감사했습니다."

그는 고개를 들지 못한 채 눈물을 훔치고 있었다.

"고맙고 기특하네."

같은 말을 거듭하며 내민 내 손을 그는 두 손으로 꼭 움켜쥐었다.

"대입검정고시를 거쳐 대학에서 회계학을 공부했습니다. 이를 악물고 살았습니다. 이젠 결혼하여 남매를 두고 무탈하게 지내고 있습니다. 이 모든 게 다 선생님 덕분입니다."

나는 그의 극진한 감사가 계면쩍어 연신 고개를 가로저었다. 어린 시절 잘못된 행동에 대한 참회의 마음으로 '법무부 청소년 범죄예방 위원'을 비롯하여 여러 곳에서 봉사하고 있고, 퇴학당했음에도 당시 같은 반 친구들과 친히 지낸다는 말이 대견했다. 가까이 사는 까닭에 그 이후론 가끔 만나 반갑게 술잔을 비우곤 했다.

얼마 후 난 학교를 퇴임했다. 하지만 '학교운영위원회'의 지역위원으로 학교와는 계속 연관을 맺고 있었다. 언젠가 '명예졸업'에 대한 안건이 상정되었다. 한국전쟁으로 말미암아 학업을 마치지 못한 어느 종교 지도자의 사연이 단초가 되었다. 훌륭한 업적으로 사회에 기여하고 있는 분들 중에 입학은 했으나 불가피하게 졸업하지 못한 사람들을 통해 본인의 의사에 따라 명예졸업장을 수여하자는 결론을 내렸다. 난 불현듯 그가 떠올랐다. 비록 퇴학 처분을 받았을지언정 나무랄 데 없이 성장하여 각종 봉사를 통해 이 사회에 이바지하는 그에게 작으나마 상을 주고 싶었다. 물론 심의를 거쳐야 하는 일이므로 그에게는 비밀로 추진한 일이었다. 솔직하고 간절하게 쓴 공적조서의 덕분일까. '명예졸업 심의위원회'의 심사를 여법하게 통과했다. 마치 내 일처럼 기쁘고 뿌듯했다.

"선생님의 속 깊은 배려는 감사합니다만, 명예졸업장은 받지 않는 게 좋겠습니다. 애써주신 선생님께는 정말 죄송합니다."

명예졸업에 관한 이야기를 자세히 들은 그는 생각할 시간을 달라고 했다. 그러고는 일주일도 훨씬 지난 어느 날, 정중하게 거절 의사를 밝히며 결의에 찬 목소리로 말했다.

"선생님! 제게는 고등학교를 졸업하지 못한 뼈아픈 사실이 지금까지 살아오면서 굉장히 크고 엄한 스승이었습니다. 검정

고시, 대학입시, 세무사 시험을 볼 때마다 주저앉고 싶은 내게 가차 없이 채찍질을 가한 것도 그분이었고, 간간이 헤식은 생각이 들 때마다 추상같이 나무라며 제자리를 지키게 해주었던 것도 바로 그분이었습니다. 그분은 지금까지도 느슨해지려는 내 등을 탕탕 치며, 옳고 곧게 살아갈 수 있도록 버팀목 노릇을 확실하게 해주고 계십니다. 인제 와서 그분을 마음속에서 지우거나 내몰 수는 없습니다. 선생님께서 이런 제 심정을 이해해주시면 감사하겠습니다."

"아!" 하는 소리가 나도 모르게 새어 나왔다. 자신의 지난 과오를 끝내 잊지 않고 삶의 길라잡이로 삼은 그가 남달라 보였다.

"집사람뿐만 아니라 자식들에게도 솔직하게 털어놓았습니다. 사람은 누구나 실수할 수 있는 거니까요. 그 스승이 제 맘속에 이렇듯 자리 잡고 있는 한 굳이 명예졸업장은…."

그는 말을 잇지 못했고, 나는 연신 고개를 끄덕였다.

그는 스스로 만든 스승의 손을 잡고 자신을 이겨낸 승리자였고, 떳떳치 못한 과거의 상처를 말끔히 씻어낸 기술자였다. 나는 40년 전처럼 그냥 그의 어깨를 감싸 안으며 등을 한참 도닥여 주었다.

벽, 담, 문

　그는 순백의 도화지다. 아니 깨끗한 순면純綿이다. 어느 한 곳도 때문지 않은 무구함 그 자체다. 눈처럼 희기에 무엇이든 스치면 여지없이 묻고 번질 것이다. 타인의 이야기를 고스란히 받아들여 연신 고개를 끄덕인다. 남을 흉보거나 욕할 줄도 모른다. 티 없고 투명한 그 성정이 일순一瞬 부서질까 불안하고 애처롭다.
　그는 젊고 건장한 청년. 준수한 얼굴에 곱슬머리가 매력적이다. 오디같이 검은 눈은 맑고, 웃는 입매는 꾸밈이 없다. 하지만 안타깝게도 뇌병변에 의한 지체장애를 가지고 있다. 조산早産으로 인해 인큐베이터 안에 있을 때, 병원의 실수가 만든 어처구니없는 횡액이었다. 여러 차례 수술했으나 스무 살이 넘도록 일어서지 못했다. 최근 네 차례나 받은 발목과 무릎 수술로 겨우 걷게 됐지만, 걸을 때마다 상체가 앞으로 쏠려 엎어질 듯 뒤뚱거렸다. 스물셋, 앳된 나이가 주변 사람의 가슴을 쓰리게 한다.

"다른 능력은 오히려 특출해요. 영어는 물론 일본어 실력도 뛰어나고 수영도 물개처럼 잘해요. 드럼 연주도 학원에선 최고예요."

자랑스레 아들을 바라보는 엄마의 목소리는 떨렸다. 물론 이 모든 것이 엄마의 눈물과 헌신을 바탕으로 이루어진 것이지만 그림자처럼 꼭 붙어 다니는 모자의 표정은 언제나 해맑다.

그를 만난 건 올봄이다. 수년 전부터 나는 장애인복지관에서 글쓰기 강의를 하고 있다. 수강자 대부분은 중증 장애를 가진 나이 지긋한 여성들인데, 의외였다. 봄학기 첫날 맨 앞자리에 그가 단정히 앉아 있었다. 외국어 능력이 탁월한 그가 혹시 나중에 번역일을 하면 어떨까 싶은 엄마의 소망이 이 강좌를 찾게 한 것이다. 무엇을 외우는지 연신 중얼거리면서도 때때로 창문 밖 엄마와 시선을 맞췄다. 소리 없이 입을 벌려 환하게 웃는 모습이 서로 많이 닮아 있다. 여태까지 끊지 못한 탯줄로 두 사람은 오롯이 한몸이다. 엄마의 안온한 그늘에서 한 발짝도 벗어나지 않은 채, 말랑말랑 굳지 못한 덩치 큰 아이였다. 모진 세파도 겪어보지 않았지만, 어떤 성취도 맘껏 누려보지 못했다. 자기만의 작은 창을 통해 들어오는 빛과 소리로만 모든 걸 상상하고 판단했다. 다니는 장소, 만나는 사람이 제한적이라 보고 듣는 폭은 얇았지만 하고 싶은 일에 대한 열의와 집중력은 대단했다.

강의를 시작하기 전, 자기소개를 하는 시간이었다. 한 사람씩 간단한 이력을 말했다. 근데 유독 그는 현재 자신의 절박한 심정을 소설처럼 엮어 쓴 침을 뱉듯 구구절절 쏟아냈다.

"거듭 수술해도 별 진전이 없고 칼끝 같은 통증은 온몸을 난도질했어요. 수술을 몇 번이나 더 받아야 끝날지 몰라 캄캄했지요. 의사마저 고개를 갸우뚱할 때, 그만 죽고 싶었어요. 마침 집엔 아무도 없었고, TV에선 연일 비가 계속된다는 예보가 왕왕대던 저녁, 문득 서랍 속, 커터 칼이 떠올랐어요. 내 운명이 미워 비통했고 엄마한텐 한없이 미안했어요. 내가 없어져 엄마를 풀어주고 싶었어요. 엄지손가락으로 칼날을 밀었다 내렸다 하며 왼팔 손목을 보고 있을 때, 핸드폰이 울렸어요."

어눌한 그의 말에 사람들은 긴장한 채 모두 침을 삼켰다.

"우리 아들 뭐해? 저녁때 잡채 만들어주려고 마트에 왔어. 단

팥빵도 사 가니까 조금만 기다려! 아들, 사랑해!"

엄마의 경쾌한 목소리에 주르륵 눈물이 흘렀다고 한다.

"내가 이렇게 가고 나면 엄마도 살지 못할 것 같았어요. 나 땜에 고생만 하다가 너무 가엾잖아요."

눈가가 붉어진 그는 칼을 제자리에 갖다 놓고 일본어 단어장을 다시 집었다고 떠듬거리며 말했다. 숨죽이며 듣던 나도 안도의 한숨이 새어 나왔다.

그는 글쓰기 공부에 놀랄 만큼 열성을 보였다. 복잡한 한글 맞춤법과 띄어쓰기가 수록된 두툼한 문법책을 일주일 만에 통째로 외우는 신기함을 보였다. 하지만 끈질기게 옥죄는 다리의 통증과 느닷없이 찾아온 시력장애가 다시 한 번 그의 발목을 잡고 소망과 의욕을 무너트렸다. 봄 강좌가 끝나갈 즈음, 원인 모를 시신경 손상으로 또다시 병원에 입원해야 했다.

맘먹은 일을 하고자 할 때마다 번번이 가로막는 벽. 반드시 이겨보려 이를 꽉 물어도 한 걸음도 허락하지 않는 담. 쉼 없이 두드려도 열리지 않는 문 앞에서 이제는 눈물마저 말라버린 기구한 삶이 처절하고 애통하다. 끝내 주저앉지 않기 위해 혀를 깨물어 보지만 건널 강과 넘을 산이 너무 깊고 험했다.

장애를 가지고 평생을 살아간다는 것, 얼마나 무겁고 벅찬 짐일까. 이제 겨우 스물셋. 어린 나이가 측은하고, 남은 세월이 아마득하다. 장애에 나이가 무슨 상관이랴. 어찌 보면 나이 많은 장애인이 훨씬 더 딱하고 서글프다. 장애와 노쇠老衰의 이중고가 아니겠는가. 하지만 매주 그를 볼 때마다 성큼성큼 걷고 싶은 앞길을 악착같이 가로막는 장애가 원망스럽다. 살아갈 긴 세월과 창창한 시간이 염려되어 바라보는 것만으로도 가슴이 시리고 아렸다.

그는 하루에도 희망과 절망 사이를 수도 없이 오간다. 시계추처럼 왔다 갔다 흔들리며 힘겹게 건딘다. 부디 파도처럼 덮치는 고통이 잦아들어 바라는 대로 훌륭한 번역가가 되어 소리 없이 환하게 웃는 모습이 보고 싶다. 맑고 순수한 성정이 훼손되지 않게 더 이상의 액운이 비껴가기를. 그래서 제발 그가 절망하지 않기를 기원한다. 그저 지켜볼 수밖에 없는 나, 기도에 간절한 마음을 모아본다.

가슴 아픈 비상飛上

꽃나무를 기르는 사람에게 들은 이야기다. 적절한 환경을 만들어주고 때맞춰 거름을 하며 애정을 갖고 정성껏 돌보면, 식물은 개화시기를 앞당겨 훨씬 빨리 꽃을 볼 수 있다는 것이다. 그러기 위해 음악에 맞춰 가지를 흔들어주기도 하고, 칭찬을 하며 손으로 쓰다듬기까지 한다. 얼핏 들으면 꽤 그럴듯하게 들릴지 모르나 식물학자들의 입장은 전혀 다르다. 이런 논리는 비상식적이고 이치에도 맞지 않다고 대번에 일축하고 만다. 어떤 경우든 식물에 있어서 사람의 손길은 스트레스라는 것이다. 아무리 돌본다는 생각으로 식물을 만져도 그 식물에는 해악이 된다는 말이다. 이럴 경우 꽃은 개화를 빨리하여 일찍 열매를 맺고 하루빨리 죽으려는 의도를 실행하고 만다. 곧 꽃의 자살 행동인 것이다.

30년쯤 전, 교직에서 만난 안타깝고 애처로운 학생이 있었다. 그를 생각할 때면 도움을 청했던 간절한 몸짓이 선연히 떠올라 아직도 가슴이 툭툭 찢긴다.
"이번 신입생 중에 A라는 학생이 있는데, 알아보니 선생님 반으로 배정이 됐더군요. 실은 그 아이가 내 대학 동창의 아들인데 잘 좀 보살펴주기 바래요."
일흔이 넘은 교장 선생님은 멋쩍은 표정으로 내게 말했다. 교장과 동창이라면 어찌 고등학교 일 학년 아들이 있을까 고개를 갸우뚱하고 있었다.
"아, 그 친구가 독신을 고집하다가 뜻밖에 환갑이 다 된 나이에 혼인을 했지 뭐예요. 늦게 본 아들이라 아이에 대한 정성이 말도 못 하더군요."
나는 그 학생의 입학서류와 가정환경조사서를 훑어보았다. 중학교 성적은 중간 정도였지만 너무 잦은 결석이 맘에 걸렸다. 둘 다 서울대학을 나온 그의 부모는 대단한 이력의 소유자였다. 아버지는 국책은행장을 거쳐 고위관리를 역임했고 어머니는 그 당시 대학교수였다.

입학식을 마치고 만난 A의 어머니는 독특했다. 만나자마자 교장과의 친분을 장황하게 늘어놓더니 뜬금없이 말했다.

"넓은 집을 쓰다가 아이 때문에 급히 학교 근처 아파트로 이사를 왔는데, 60평밖에 되지 않아 이리 돌면 궁둥이가 닿고 저리 돌면 팔이 부딪쳐 애를 먹어요. 하지만 아이를 위한 일이니 어쩌겠어요. 어릴 때부터 가방이나 공책은 물론 모든 걸 서울대학 매점에서 사다 날라 이젠 서울대 마크만 봐도 자기 학교처럼 생각할 거예요. 게다가 초등학교 때부터 과목마다 과외선생을 붙여 실력은 보기보다 알찰 겁니다. 우리가 나이는 많아도 아이에 대한 지원은 아낌없이 다 하고 있어요. 선생님께서도 부탁할 일이 있으면 언제든지 말씀만 해주세요."

주변을 아랑곳하지 않고 쉼 없이 주절대는 그녀의 이야기에 나는 그만 할 말을 잃었다.

부산한 어머니와는 달리 학생은 지나치게 과묵했다. 하얀 얼굴에 왜소한 체구, 상대를 바로 쳐다보지 못하는 눈동자는 끊임없이 흔들렸다. 이를 꽉 물어 생긴 경직된 볼 근육과 노상 쥐고 있는 주먹은 원망이나 분노의 다른 표현 같았다.

그러나 다방면에 재능이 놀라웠다.

"쟤의 그림 실력은 대단해요. 모름지기 전문가에게 체계 있게 배운 게 틀림없어요."

미술선생은 번번이 혀를 내둘렀고, 체육선생도 수영 실력이 보통이 아니라고 엄지를 치켜세웠다.
"기악과 성악 모두 오랫동안 개인지도를 받았을 겁니다. 피아노도 잘 치지만 바이올린은 수준급이에요."
음악선생마저도 입에 침이 마르게 칭찬했다.
"당연하지요. 내신성적을 위해 어릴 때부터 얼마나 신경을 썼는데요. 수영은 국가대표 선수에게 레슨을 받았고, 그림은 유명작가들에게 사사했어요. 악기도 일일이 대가들을 물색해 가르쳤지요. 돈도 돈이지만 데리고 다닐 사람까지 사서 온종일 강행군이었어요."
A의 어머니는 신이 난 듯 전문가들의 이름까지 주워섬기며 자랑스레 떠들었다. 나는 문득 짐을 잔뜩 짊어진 어린 당나귀의 힘겨운 걸음걸이가 눈앞에 어른거렸다.

학기가 시작되고 두 달이 채 안 됐을 때다. 교장실에서 급한 호출이 왔다.
"아무래도 무슨 사달이 난 게 틀림없어요. 아이 엄마가 황급히 전화했는데 죄송하지만, 담임선생님을 자기 집으로 보내주면 좋겠다는 거예요. 멀지 않으니 내 차를 타고 잠깐 다녀와 주면 어떨지…."

교장 선생님은 난처한 듯 떠듬거리며 부탁을 했다.

도착해보니 가관이었다. 아이는 식탁에 앉아 씩씩거리고 부모는 한쪽 구석에 엉거주춤 서 있었다. 천장과 벽 그리고 바닥은 온통 음식물이 튀어 난장판이고 깨진 그릇들이 나뒹굴었다. A는 횡설수설 제정신이 아니었다. 다행히도 나를 보더니 흠칫 놀라며 고개를 숙였다.

그들의 사정은 들을수록 난감했다. 부모와 아이의 말이 뒤엉켜 실마리가 보이지 않았다. 난폭한 행동도 오늘이 처음은 아니다. 중학교 때 시작해 점점 더 거칠어지더니 벌써 두 차례나 정신병원을 드나들었다고 했다.

"순하기 짝이 없던 아이가 왜 저리됐는지 이해가 안 돼요. 지난해부턴 감당이 되지 않았어요. 처음엔 소리를 지르고 물건을 내던지더니 나중엔 주먹질에 칼까지 들고 설쳐 어쩔 수가 없었어요. 오늘도 느닷없이 학교에 가지 않겠다고 소리치며 이 지경을 만든 거예요. 오죽했으면 우리가 정신병원엘…."

어머니는 흐느끼며 말을 잇지 못했다.

"엄마가 아니라 악마예요. 깜깜한 밤중, 세상모르고 자는 나를 남자 셋이 들어와 손발을 묶고 끌고 갔어요. 그것도 두 번씩이나. 병원이 아니라 감옥이었어요. 약 먹고 자고, 매 맞고 자고, 밥 먹고 자고…. 저것들은 부모도 아니에요. 또다시 그러면 칼로 쑤셔 죽여 버릴 거예요."

격분한 A는 책상과 침대 밑에 감춰 둔 칼과 쌍절곤을 보여주며 주먹을 부르쥐었다. 강제 입원의 충격과 병원에서의 공포, 그리고 부모에 대한 배신감이 뼈에 사무친 듯 온몸을 부들부들 떨었다. 양쪽 하소연에 고개는 끄덕였지만, 나로선 속수무책 어떤 묘안도 떠오르지 않았다. 하지만 되돌릴 수 없는 시간은 우리를 향해 총총 다가오고 있었다.

종일 비가 내리던 날, 밤이다. 9시가 지났을 무렵, A가 내 집 문을 두드렸다. 비를 맞으며 두 정거장이나 뛰어온 그는 어이없게도 맨발이었다. 수상한 눈치를 채고 엉겁결에 집을 뛰쳐나왔다고 했다. 추위와 두려움에 입술이 파랗게 질려 있었다. 나는 허둥대는 아이를 찬찬히 진정시키고, 다시는 너를 입원시키지 않도록 네 부모의 다짐을 받겠노라고 분명히 말했다. 그러니 나를 믿고, 함께 집으로 가야 한다고 온몸이 젖은 그를 다독였다. 한참을 망설이던 그가 불안한 눈빛을 거두며 내가 내민 손을 잡았다. 하지만 그 약속은 지켜지지 못했다.

나를 믿고 따라나섰던 A는 다음날 세상을 등지고 말았다. 다시는 정신병원에 넣어선 안 된다고, 이젠 다른 방법을 찾아봐야 한다고 설득하고 다짐을 받았건만 어찌 된 영문인지 알 수 없었다. 이튿날 새벽 A의 부모는 병원에 연락했고 병원차를 본 그는 15층 자기 방에서 뛰어내렸다. 애정이란 미명 아래 숱한 사람의 손을 타 옴짝달싹 못 했던 어린 꽃나무는 스스로 죽음을 선택했다. 촘촘한 계획으로 숨 막히게 몰아붙인 욕심이라는 마수, 그 견고한 손아귀에서 아이는 얼마나 힘겹고 괴로웠을까. 완벽하길 바라는 부모와 그걸 따를 수 없었던 아이에게 타협점은 없었다. 팽팽히 당겨지다 기어이 끊어지고 말 때까지 그가 감당했을 부담과 아픔은 짐작조차 할 수 없다.

타인의 죽음에 이렇듯 가슴이 찢어져 본 적이 있을까. 마지막 지푸라기라도 잡아보려 찾아왔던 그를 사지死地로 몰아넣은 나, 그 자책은 오랜 세월이 흘렀음에도 탈색되지 않은 채 무참한 상처로 남아 있다. 짧은 생, 단 한 번도 자신의 삶을 살아보지 못하고 부모의 욕심대로 만들어지던 한 학생의 몸부림은 아물 수 없는 상흔이 되어 아직도 내 가슴속에서 진물을 흘리고 있다.

허공으로 몸을 내던질 수밖에 없었던 그. 그건 아마 지상으로의 추락이 아니라 높은 창공을 향한 비상이 아니었을까. 주변의 온갖 올가미를 끊고 자유롭게 훨훨 날아오르고 싶은 그 아이의 꿈은 아니었을까. 나의 이 짐작이 책무를 다하지 못한 내 죄책감에 대한 얄팍한 핑계가 아니길 진심으로 바래본다.

모든 벽은 문이다 - 둘

 같은 들판에서도 피는 꽃이 있는가 하면 지는 꽃이 있고, 길을 걸어도 오르막이 있으면 반드시 내리막이 있기 마련이다. 파란과 곡절로 얼룩진 저마다의 인생살이엔 달고 쓴 얘깃거리가 늘 차고 넘친다.
 한여름 밤, 무더위가 극성이다. 열시를 넘긴 시각, 흐린 눈을 비비며 컴퓨터 화면을 바라보고 있을 때 핸드폰이 부르르 떨렸다. 제자 L이었다. 졸업한 지 30년이 훌쩍 넘었음에도 철마다 안부를 묻고, 때마다 성심을 다하는 보기 드문 친구였다. 일찍 부친을 여읜 탓인지 아버지 대하듯 내게 유난히 돈독했다.
 대학을 졸업한 그는 광고기획사에 잠시 몸담더니 곧 사업을 시작했다. 프랑스나 이태리에서 유명브랜드의 가방과 신발 그리고 선글라스 등을 들여와 국내에서 판매했다. 그의 일은 승승장구를 거듭했다. 모나지 않은 친밀감과 남다른 수완이 서울 명동과 강남 그리고 지방의 여러 매장에서 쏠쏠하게 큰 이윤을 냈다.

"선생님! 늦은 시간에 죄송합니다. 책 출간 소식을 들은 게 지난 4월인데 입때 찾아뵙지 못해 송구스럽습니다. 음성으로나마 안부 여쭈려 전화 드렸습니다."

술에 취했는지 떠듬대는 말과 풀죽은 목소리가 예전과 사뭇 달랐다. 마침 우리 집 근방에서 사람을 만나고 집으로 돌아가는 길이라고 했다.

"드릴 말씀이 없습니다. 그저 참담합니다. 저의 턱없는 욕심 때문에 20년이 넘도록 잘해오던 사업이 걷잡을 수 없게 됐네요. 면목 없습니다."

어째 그동안 연락이 뜸했냐는 내 물음에 시르죽은 목소리로 말을 이었다. 느닷없는 그의 말에 난감해진 난 그를 그냥 보낼 수가 없었다.

"많이 늦었지만 잠깐이라도 보세나. 내가 바로 나감세."

나는 그의 몫으로 사인까지 해놓은 책을 들고 부지런히 나갔다.

불현듯 3년 전 일이 떠올랐다. 내가 퇴직을 하자 그는 친구 몇과 함께 퇴직기념 자리를 마련했었다. 쉰 살이 넘은 제자들, 각자의 분야에서 번듯한 위치를 차지하고 있는 그들과의 모임은 흥겹고 뿌듯했다. 앞으로 어떻게 지낼 거냐는 질문이 주된 화제였다. 주변머리는커녕 융통성 없는 내 앞길이 걱정이 됐던 모양들이다. 자리가 거의 끝나갈 즈음 내 옆으로 다가와 그가 말했다.

　"선생님! 절대 오해하시면 안 됩니다. 혹여 여유자금이 있으면 제게 맡겨주십시오. 은행이자보다는 훨씬 많이 챙겨드려 다소 도움을 드리려 합니다."

　그의 말속엔 솔직한 선의가 그득했다. 오랜 기간 봐 온 그의 진심엔 의심의 여지가 없었다. 그러나 나는 한마디로 거절했다.

　"고맙긴 하네만 싫다네. 제자와 금전적으로 얽히는 것은 옳은 일이 아니지. 자네한테 투자하려는 사람들이 줄을 섰다는 이야기는 진즉부터 알고 있다네. 연금으로도 지낼 만하니 내 걱정은 하지 않아도 되네. 자네야 말로 호의를 받아들이지 않는 나를 오해하지 말게나."

　영민한 그는 대번에 내 뜻을 알아차렸다.

　"제 생각이 짧았습니다. 멋대로 생각하고 말씀드려 죄송합니다."

둘의 이야기는 이렇듯 짧고 확실하게 끝을 맺었다.

나는 뛰다시피 걸었다. 저만큼 서 있는 그가 보였다.
"늦은 시간인데 보자고 해서 미안하네. 도대체 어찌 된 일인가?"
나는 악수를 청하며 급히 물었다. 그는 내 손을 감아쥐고는 얼굴을 들지 못했다.
"죄송합니다. 어쩌다 보니 이렇게 됐습니다."
찻집에 마주 앉은 나는 그간의 사연을 소상하게 들었다. 의외로 이야기는 간단했다. 유행이 점쳐지는 상품이 있어 대박을 바라며 평소의 40배가 넘는 물량을 한꺼번에 주문했는데 외국 바이어가 물품대금을 갖고 종적을 감췄다는 것이다. 한마디로 국제 사기를 당한 거였다. 백방으로 노력했으나 5개월이 지나도록 해결의 실마리는 풀리지 않고 매장마다 연쇄부도로 빼도 박도 못하는 절망적 상황이 됐다는 것이다. 불빛에서 보니 그간 속을 끓이며 애 태운 흔적이 얼굴과 표정에 고스란히 남아 있었다.

딱한 그의 처지에 난 할 말을 잃었다. 찬찬했던 그가 어찌 이런 실수를 했는지 납득할 순 없지만 지금으로선 이미 사후약

방문死後藥方文인 듯했다.

"자넨 지금껏 무슨 일이든 잘해오지 않았나? 반드시 재기할 걸세. 꼭 다시 일어나게나."

대안 없는 밋밋한 말로 나는 그를 위로했다. 그는 고개를 숙인 채 약하게 끄덕였다.

"그렇지 않아도 밀어주겠다는 지인들이 있습니다. 오늘도 몇 사람 만나 의논하고 가는 길입니다. 꼭 다시 일어나겠습니다."

떨렸지만 그의 목소리엔 결기가 묻어 있었다.

"그리고 그날 선생님의 판단은 정말 옳았습니다. 그때 만약 선생님께서 제게 투자하셨다면 지금 전 선생님마저 잃을 뻔했습니다."

고개를 들지 못하는 그의 어깨가 들썩였다.

난 지하철역까지 그를 배웅했다. 그리고 가지고 있던 내 책을 그에게 건넸다.

"자네 주려고 가지고 나왔네. 제목이 《모든 벽은 문이다》라네. 지금 자네가 무슨 경황이 있겠냐마는 제목이라도 마음속에 새겨두게나. 벽은 뚫으면 문이 된다네. 어서 그 문을 열고 나오길 바라네."

그는 봉투에서 책을 꺼내 제목을 확인하고는 다시 한 번 말했다.

"선생님 그날 판단 진심으로 고맙습니다."

꾸벅 인사를 하고 돌아서는 그의 뒷모습에 나는 목이 꽉 메었다.

집으로 돌아오는 길, '탐하지 않음을 보배로 삼는다[不貪爲寶]'는 《채근담》의 한 구절이 귀에 쟁쟁했다. 누구에게나 인생은 호락호락하지 않는 법. 특히 욕심이라는 복병은 잡지도 놓지도 못할 골칫덩어리가 분명했다.

구름이 꽉 낀 밤하늘, 날씨 한번 무진장 더웠다.

구원환상

교직을 택한 지 이태 만에 첫 담임을 맡았다. 고등학교 2학년 인문계 반이다. 기대 반 설렘 반 신학기를 준비하면서 배정된 학생들을 확인하며 생활기록부를 정리하고 있었다.

"A가 선생님 반으로 갔더군요. 지난해 제가 담임을 했었는데, 올해 걔 때문에 골치 좀 아플 겁니다. 그녀석이 음성서클 '피닉스'의 돌격대장이에요. 난폭한 짓은 도맡아 하면서도 어찌나 약삭빠른지 덜미가 잡히지 않는 녀석입니다. 벌써 제적을 당했을 놈인데 용케 진급을 했네요. 교활하기 짝이 없지요. 일 년 내내 신경 좀 써야 할 겁니다."

햇병아리 교사가 걱정이 돼 일부러 찾아와 일러준 이 선생에게 고맙다고 인사는 했지만, 난폭하고 교활하단 말은 좀 지나치다 싶었다. 환경조사서를 보니 오래전 부모의 이혼으로 할머니와 둘이 살고 있었다. 성적도 바닥이었다. 이미 소문을 들어 그의 유명세를 알고 있었지만 어쩌겠는가. '성심껏 지도해 보리라' 속다짐을 했다.

  신학기가 시작됐다. 조심스레 A를 지켜보고 있었다. 그도 나의 간을 보는지 몸을 사린 채 조용히 지냈다. 지각과 결석도 하지 않았고, 수업시간에도 별탈이 없었다. 하지만 나의 선입견 탓일까. 우리 사이엔 옅은 긴장감이 감돌았다. 나와 눈이 마주칠 때마다 그는 슬쩍 시선을 피했고, 예사로운 질문에도 굳은 얼굴로 대답했다.

  달포가 지날 즈음, 학생들의 신상이 얼추 파악되자 개인 면담을 시작했다. 그는 의외로 순순했다. 묻는 말에 대답도 잘하고 정도 이상으로 공손했다. 어쩌다 씩 웃을 때는 영락없는 제 또래의 모습이었다. 그러나 부모에 대해선 입을 꾹 다물고, 할머니에 대해 묻자 눈물을 내비쳤다. 말하고 싶지 않은 가정사, 그 상처에서 풍기는 애잔함이 내 속을 쿡 찔렀다. 30분이 넘게 이야길 했지만, 음성서클과 성적에 관해서는 일체 묻지 않았다. 내가 어깨를 도닥이자 꾸벅 고개를 숙이고는 교실로 돌아갔다. 대화 횟수가 거듭되자 그는 조금씩 달라졌다. 주변과도 잘

어울렸고 학급 일에도 솔선수범했다. 나는 그 변화에 내심 놀라며 기대와 보람에 한껏 들썽거렸다. 간간이 불러 그의 속내를 들어주고 어깨를 툭툭 치며 장난까지 걸었다. 그럴 때마다 이 선생의 충고를 떠올리며 고개를 갸우뚱했다.

"이 선생님! A가 딴사람이 됐어요. 그새 철이 났는지 고분고분하네요."

나는 목에 힘을 주며 자랑스레 말했다.

"너무 좋아하지 말아요. 개꼬리 삼 년 묵혀도 족제비털 안 됩니다."

입을 삐쭉대는 내게 그는 말을 이었다.

"신임 교사들이 대부분 거쳐 가는 과정이 하나 있지요. 바로 '구원환상(rescue fantasy)'에 빠지는 일이에요. 구원환상이란 내가 열심히 지도하면 학생의 모든 문제가 해결될 거라는 믿음이지요. 정신과 의사들이 주로 쓰는 말인데 나도 숱하게 겪었어요. 굳게 믿다가 뒤통수 맞은 일이 어디 한두 번인 줄 압니까. 수없이 자책하고 고민하면서 깨닫게 됐지요. 최선을 다하는 걸로 충분하다는 것을. 학생들의 개별적 상황과 처지, 그리고 아픔과 상처까지 속속들이 다 안다고 속단하지 말아요. 더욱이 아이들을 내 뜻대로 만들 수 있다는 생각은 금물이지요. 선생님이 아무리 최선을 다한다 해도 그걸 받아들이는 일은 학생의 몫이니까요. 아마 지금쯤 A는 선생님의 시선과 배려에 부담을 느끼며 어떡하든 눈 밖에 나지 않기 위해 이를 악물고 있을 겁니다. 끊어질 만큼 팽팽하게 당겨진 고무줄의 한쪽을 잡고 갈팡질팡 고민하고 있을지도 몰라요. 물론 기적같이 좋아질 수도 있겠지요. 하지만 그렇게 되지 않았을 때도 대비해야 합니다."

가차없는 말을 남기고 돌아서는 그를 향해 나는 몰강스레 눈을 흘겼다.

그런데 이 선생의 타이름은 곧 현실이 됐다. 점심시간이었다. 학교 근방 대형마트에서 나를 찾는 전화가 왔다. A가 이어폰 두 개와 건전지 한 통을 훔치다 직원들에게 적발됐다는 거였다. 내가 갔을 땐 매장 뒤 작은 창고에 무릎을 꿇고 있었다. 경찰서로 넘기겠다는 것을 학생이니 용서해 달라고 사정사정한 끝에 풀려날 수 있었다. 무단외출을 해서 담배를 피우러 마트 화장실에 갔다가 도둑질까지 했던 거였다. 후들후들 떨리는 마음을 진정할 수가 없었다. 교무실로 데리고 왔다.

"네놈이 사람이냐? 그동안 내가 너를 얼마나 다독였는데…."

어이가 없어 모질게 다그치자 그는 말없이 책상 모서리만 응시하고 있었다. 쌓던 탑이 무너진 듯 허망했다. 애초에 나의 바람이 잘못된 것일까. 늘 나의 기대는 적당선이라고 생각했는데 그에게는 벅찼단 말인가. 머릿속이 복잡했다. 그러나 여기서 그냥 허물 수는 없었다. 한 번 더 믿어보고 싶었다. 이 선생의 목소리가 귀에 쟁쟁했지만 간단히 자술서만 받고 학급으로 들여보냈다.

하지만 결국 봇물이 터지고 말았다. 그 일이 있고부터 그는 더 이상 내게 자신을 감추지 않았다. A는 수시로 학생부에 끌려왔다. 소소한 폭행부터 현금 갈취까지 걷잡을 수가 없었다. 사정을 해도 소용없고 겁박에도 아랑곳하지 않았다. 이미 나의 설득은 약발을 잃었다. 그러나 그의 막된 행동은 오래 가지 못했다. 여름방학을 앞두고 그는 학교를 떠나야 했다. 교외 폭력 사건에 연루되어 빼도 박도 못하는 상황이 벌어진 거였다. 나는 탄원서를 제출하고 구치소에서 그를 면회했다. 나를 보자 외면한 채 그는 짐승처럼 웅크리고 있었다. 아린 심정에 나도 시선 둘 곳을 찾지 못했다.

마음속 깊은 상처는 몇 마디의 말이나 어설픈 손길 따위로 가라앉히기엔 훨씬 복잡한 것인지 모른다. 남이 보기엔 옅은 아픔일지라도 충분히 표현되지 않거나 굳이 내보이기 싫어 그 흉터를 감춘 채 하찮게 보이는 경우가 허다하다. 내게 그의 상처도 그랬던 것은 아니었을까. 충분히 배려했다는 나의 확신이 '네놈이 사람이냐'고 닦달하며 그의 등짝을 사정없이 내려친 것은 아닌지 되짚을수록 맥이 풀렸다.

그의 제적 절차는 기다렸다는 듯 순식간에 처리됐다. 그때 나의 구원환상은 치부를 들어내며 나를 자괴감 속으로 밀어 넣었다.

몇 년이 흐른 뒤였다.
"조폭들은 저렇듯 꼭 문신을 해야 하는 건가?"
텔레비전 뉴스를 보던 아내가 혀를 차며 말했다. 네 명이나 희생된 조직폭력배의 살인사건이 보도되고 있었다. 사용된 무기들을 앞에 놓고 웃통을 벗은 채 줄지어 서 있는 폭력배들의 모습이 거듭 비쳐졌다. 비슷하게 생긴 그들의 무리 속에 A의 모습이 스쳐 지났다. 짧은 순간이지만 귀밑 그의 붉은 점을 나는 얼핏 그러나 확실히 보았다. 설명할 수 없는 참담함에 나는 그만 할 말을 잃었다.

고삐 쥐는 방법도 모른 채 소를 한사코 물가로 몰았던 어리숙한 목동과 끝내 물마시기를 마다한 소. 한 번이 아니라 몇 번이라도 그 고삐를 움켜잡고 팽개치지 말았어야 했던 것은 아닐까. 어느 누구도 다른 사람을 진정 구원할 수 없단 말인가. 씩 웃던 그의 얼굴을 떠올리며 눈을 감았다. 나도 모르게 깊은 한숨이 새어나왔다.

꽃보다 사람

영하권의 날씨가 나흘이나 이어졌다. 아침 최저기온이 영하 15도다. 창밖엔 며칠 전 내린 눈이 천지 가득 꽁꽁 얼고, 다시 내리는 눈이 세찬 바람에 흩날려 시베리아 벌판을 연상시켰다. 이런 날씨엔 어김없이 떠오르는 오래된 사연 하나가 있다.

1977년 1월. 그러니까 지금으로부터 자그마치 45년 전 일이다. 1976년에 입대하여 자대배치를 받고 보내는 첫 겨울이었다. 재경 부대라 3주에 한 번씩 외박이 허용되었다. 입대 동기인 P와 외박을 나왔을 때 이야기다. 집이 대전인 그는 함께 나올 때마다 우리 집에서 신세를 지곤 했는데, 그게 미안했던지 이번에는 자기 집에 가자고 했다. 부모님께도 이미 말씀드려 기다리신다는 거였다.

날씨는 바람까지 일며 야무지게 매웠다. 대전행 기차표를 끊고 남은 시간을 때우기 위해 서울역 근처 허름한 국밥집에 들어갔다. 한창때이기도 했지만, 모처럼 먹는 술이라 그 끝이 한정 없었다. 각기 소주 두어 병씩은 먹었으리라. 꽤 취한 상태로 열차에 올랐다. 열차 안은 훈훈했다. 수원쯤 가서부터는 어찌나 졸린 지 눈을 뜨고 앉아 있을 수가 없었다. 둘은 머리를 맞대고 졸기 시작했고, 이윽고 깊은 잠이 들고 말았다.

얼마나 잤을까. 잠결에 들으니 다음 역이 구미라고 했다. 대전만 지난 것이 아니다. 영동도 지났고 추풍령도 넘어 김천을 거쳐 구미에 도착하는 거였다. 그만 정신이 아뜩했다. 어쩔 줄 모르고 허둥대며 기차에서 내렸다. 머리가 띵하고 심한 갈증에 입안이 바짝 말랐다. 매서운 날씨에 정신이 번쩍 들었.

'대체 이를 어쩌지!' 시간은 이미 밤 11시가 다가오고 주머니 속 돈은 대전까지 올라갈 차비가 빠듯했다. 그런데 사단은 우리가 타고 올라갈 기차가 내일 아침에나 있다는 것이다. 꼼짝없이 구미역에 묶여야 했는데, 집에서 기다릴 부모님은 둘째 문제였다. 이젠 타고 내릴 열차가 없어서 역사 안에 난로를 끄고 문을 닫아야 한다는 역무원의 성화가 더 큰 문제였다. 휴대

전화는 물론, 신용카드나 현금 인출기가 없었던 시절, 난감함이 깜깜 절벽이었다. 털컥 닫히는 문소리는 비정했다. 혹독한 날씨에 저녁마저 거른 채, 술이 깨고 있으니 머릿속은 휑하고 속이 훑어 견딜 수가 없었다. 빈속인지라 옷 속을 파고드는 추위는 한층 더 맹렬했다.

바람받이 역 뜰에서 피티체조를 하며 언 몸을 녹이고자 했으나 그것도 계속은 못 할 짓, 차라리 밤새 여기저기 걷는 것이 낫다는 생각이 들었다. 자정이 넘은 시골 도시는 칠흑이었다. 안간힘도 소용없었다. 찬바람에 숨이 막히고 이가 딱딱 부딪쳤다. 이리저리 무작정 걷는데 야트막한 산 밑 어느 집에 불이 켜져 있었다. 방 한 칸에 부엌 하나, 작은 본채 옆으로 마치 합숙소처럼 일자 건물이 붙어있었다. 같은 모양의 출입문이 네댓 개나 달려있어 마치 급조한 여인숙 같았는데 안쪽으로 공동취사장과 화장실 표시등이 희붐했다.

사람의 도리나 체면을 따질 상황이 아니었다. 일단 살고 볼 일이었다. 그 집 문을 두드렸다. 전후 사정을 이야기하고 하룻밤만 묵게 해달라고 애원했다. 하지만 거기도 형편이 딱했다. 젊은 부부에 누워있는 아이 셋이 한방 가득 빼곡했다. 오밤중에 들이닥친 군인 두 사람, 얼마나 놀라고 황당했겠는가. 난감한 듯, 시퍼렇게 얼어있는 우릴 한참 내려다보았다.

"사정이 딱하니 영미 방을 열어주면 어떨까요? 야근하는 날이라 아침에나 올 텐데요."

남편의 기색을 살피며 아내가 말했다.

"당신 미쳤어! 아무리 그래도 그렇지 남의 방을 우리 맘대로 열어주면 돼, 큰일 날 소리 하네!"

부부는 난처해했다.

"사정 좀 봐주십시오. 아침이 오기 전 나가겠습니다. 옷 입은 채로 추위나 피하고 있다가 꼭 가겠습니다. 부탁드립니다."

애절한 통사정에 한동안 말이 없던 남편은 미심쩍게 계속 훑어보며 열쇠꾸러미를 들고 마루로 나왔다. 보아 하니 구미공단 공원들에게 월세를 받고 방을 빌려주는 집이었다.

작은 방안은 따뜻했다. 비키니옷장과 앉은뱅이책상이 가구의 전부였다. 한구석에는 운동화 하나가 판자 위에 놓여 있고, 아랫목에는 반으로 접은 이불이 얌전히 깔려 있었다.

"공단에 다니는 아가씨 방이오. 세를 준 방이라 본인이 알면 큰일 날 텐데 하도 사정이 딱해서…. 늦어도 7시 전에는 나가야 할 거유. 아무것도 손대지 말고 있다 나가요."

걱정을 한가득 담은 얼굴로 주인 남자는 몇 번을 다짐했다.

살 것 같았다. 잔뜩 얼었던 몸이 녹자, 옷을 입은 채 벽에 기대앉았던 둘은 까무룩 잠이 들며 미끄러지듯 눕고 말았다. 뜨끈뜨끈한 방바닥 탓이다. 잠결에 하나씩 웃통을 벗으며 정신없이 잠에 빠졌다.

"아저씨! 아저씨! 여기 좀 와보세요. 제 방에 사람이, 모르는 사람이 있어요."

비명에 가까운 젊은 여자의 고함소리가 새벽 고요를 갈랐다. 일순 집안이 난리가 났다. 그날따라 작업이 일찍 끝나 예상보다 빨리 돌아온 방주인 아가씨가 방문을 열자 윗도리를 벗어젖힌 사내 둘이 씩씩 자고 있으니 얼마나 질겁했겠는가. 기함하며 안채를 향해 다급하게 소릴 질러댔고 주인은 물론 옆방 사람들까지 쫓아 나와 웅성거렸다.

실로 난감했다. 허둥대며 옷을 챙겨 입는데, 문밖에선 주인 내외의 풀죽은 목소리가 기어들 듯 들렸다.

"날씨는 혹독한데 군인들이 너무 딱해서 그만…. 우리가 잘못했어. 다신 이런 일 없을 거야. 노여움 풀어!"

우물대며 변명하고 있었다.

"미안합니다. 주인분 잘못이 아닙니다. 밖에 있다간 얼어 죽을 것 같아 저희가 매달려 사정을 했던 겁니다. 죄송합니다."

서둘러 나간 우리도 합세하여 자초지종을 상세히 설명하자 아가씨의 안색이 조금 누그러졌다.

가까스로 상황은 정리됐다. 방안을 살펴보고 나온 아가씨의 표정은 다소 진정됐고. 아직도 주인 내외는 민망한 마음에 어쩔 줄 모르고 있었다. 우리는 서둘러 군화 끈을 묶으며 떠날 채비를 차렸다. 그때였다.

"대전 가는 기차는 아직 한참 있어야 하는데…. 어제 끓여놓은 국이 조금 있어요. 한술 뜨고 가세요."

전혀 예기치 못한 아가씨의 제안에 마당에 서 있던 사람들 모두는 놀라 입을 다물지 못했다.

"우리 오빠도 입대해서 홍천에 있어요. 언뜻 오빠 생각이…."

쑥스러운 듯 말을 잇지 못했다.

공동취사장엔 작은 탁자가 놓여있었다. 어정쩡히 따라 들어간 우리는 마주 앉았다. 콩나물국 냄새에 어제저녁부터 굶은 속은 요동을 쳤고 입안 가득 침이 고였다. 주인아주머니는 서둘러 잘 익은 김장 김치와 얼음이 낀 동치미 한 그릇을 퍼다 주었다. 따끈한 국과 이 시린 동치미 국물은 얼얼했던 속을 가라앉혔고, 모였던 사람들의 훈훈한 눈길은 찬 날씨를 녹여 주었다. 코끝이 찡하며 눈앞이 흐려졌다. 무사히 귀대한 후에도 그날 아침이 떠오를 때면 가슴 속부터 뜨끈해지며 뭉클하고 먹먹했다.

다음 외박은 구미가 목적지였다. 고마움이 담긴 선물을 잔뜩 들고 찾아간 우리를 주인 내외는 동생처럼, 그 아가씨는 친오빠처럼 반겨주었다. 배시시 웃는 아가씨의 순한 얼굴과 방금 지은 따뜻한 밥으로 저녁상을 차려준 주인 내외의 표정이 한없이 정겹고 푸근했다. 야박하고 삭막하다는 세상살이. 그때만 해도 인정은 봄날이었고 인심은 불 땐 온돌이었다.

  누가 뭐래도 꽃보다 사람이다.

묵직한 고추장 단지

"그간 별 일 없었지? 진즉 한번 연락한다고 벼르면서도 이렇게 늦었네. 이래저래 자네에게 미안하고 면목 없다네. 이번 주 금요일 서울 가려고 하는데 시간이 어떤지? 얼굴이나 잠깐 봤으면 좋겠네그려."

2년여 만에 김 선배가 전화를 했다. 반가워 어쩔 줄 모르면서도 슬그머니 불안감이 밀려왔다.

"아마 두어 달쯤 됐을 거야. 볼일 보러 홍천엘 갔다가 김 선배 생각이 나서 잠깐 보고 온 적이 있었어. 아직도 상당히 힘든지 사람은 물론 살림도 형편없이 남루하더라고. 평생 안 해본 농사에 시달려 그 좋던 얼굴과 당당했던 풍채가 한껏 찌들어 촌

늙은이가 다 됐던 걸. 이태째 남의 땅을 얻어 동분서주 정신이 없다더군. 사람 팔자 모른다더니 나무랄 데 없는 인품에 노년의 삶이 왜 그 지경까지 됐는지, 가슴이 아려 혼났어."

얼마 전, 친구 K가 짠한 표정으로 김 선배의 근황을 알려왔던 터라 불안은 확신으로 바뀌었다.

선배는 후덕하기로 둘도 없는 사람이었다. 30년 넘게 한 직장에서 나와는 유난히 돈독했고, 남들과도 격지는 일이 없어 얼굴 한 번 붉힌 적이 없다. 위아래 할 것 없이 그의 주변엔 따르는 사람들로 노상 넘쳐났다.

"퇴직금을 일시금으로 받지 마시고 연금으로 하세요. 100세 시대라는데, 퇴직금 받아 한입에 털어 넣으면 나중에 어떡하려고 그러세요."

사람들마다 말렸지만, 아들 사업이 휘청댄다며 끝내 말을 듣지 않았다.

염려는 곧 현실이 됐다. 수렁에 빠진 사업에 큰 도움도 되지 못한 채, 서울 집까지 남의 손에 넘기고 고향으로 내려갔다. 그 무렵이다. 갑작스레 찾아와 돈 오백만 원을 빌려갔다. 아내의 치료비가 급하다며 자세한 얘기도 못한 채 부랴부랴 가서는 오늘 불쑥 연락을 해 온 것이다. '분명 또 손을 벌릴 텐데, 이를 어쩌지…' 새삼 K의 말을 떠올리며 지레 걱정을 했다. 매사 어질고 넉넉했던 선배의 성정을 생각하면 몇 번이고 챙겨주고 싶지만, 나도 퇴직 이후, 그만한 여유가 없어 적당한 핑계거릴 궁리하고 있었다.

"아이고, 모처럼 서울에 오니 정신이 하나도 없네그려. 잘 있었지?"

보자기에 싼 묵직한 물건을 찻집 탁자 위에 올려놓으며, 선배는 땀을 닦았다. 새까맣게 그은 얼굴은 훌쭉했고, 바짝 마른 등이 많이 굽은 듯했다.

"남의 땅이지만 4,000평 넘게 호박과 가지를 심어 재미 좀 봤다네. 늦었지만 자네 돈을 만들어 왔어."

그는 안주머니를 뒤져 봉투 하나를 내밀었다.

"땅에서 돈 몇 푼 건지기가 이렇게 힘든 줄 몰랐네. 이건 순전히 내 땅 값이라네."

혀를 내두르며 두 눈을 찡끗거렸다. 걱정이 안도로 바뀌며 작게 한숨이 새어 나왔다.

"이리 급하게 갚지 않아도 괜찮은데…."

"이미 충분히 늦었어. 말없이 기다려줘서 정말 고맙네. 그리고 이건 내가 농사지어 직접 담근 고추장이야. 이자치곤 약소하지만 받아주게나."

그는 하얀 이를 드러내며 활짝 웃었다. 예상치 못한 상황에 엉거주춤, 나는 그와 눈을 맞추지 못했다.

"순댓국이나 한 그릇 사게나. 아침 일찍 출발해 아직 맨입이라 시장하구먼."

그는 예전처럼 성큼성큼 앞장을 섰다. 뚝배기에 담긴 펄펄 끓는 순댓국을 보자 침을 꿀꺽 삼키며 수저를 들었다. 하지만 이가 시원찮은지 국속에 고기는 태반을 건져 놓았다.

"너무 이를 악물고 살았나 봐. 이빨이 죄다 들떠 이 모양이야."

허겁지겁 식사하는 그를 보며 콧등이 시큰했다. 좀 전까지 바짝 긴장한 채, 신경을 곤두세웠던 오해가 민망해 나는 몸 둘 바를 몰랐다.

《여씨춘추》〈임수〉 편에는 공자가 천하를 주유할 때, 이레 동안 굶었던 이야기가 나온다. 명아주 국물조차 마실 수 없었고 쌀 한 톨도 입에 넣지 못했다. 공자가 낮잠을 자는 동안, 제자인 안회가 가까스로 쌀을 조금 얻어 밥을 지었던가 보다. 마침 잠에서 깬 공자가 부엌으로 고개를 돌렸는데 그가 주걱으로 밥을 떠먹는 것을 보고 말았다. 잠시 후 안회가 상을 차려 올리자, 공자가 짐짓 떠보았다.

"내가 오늘 선친을 꿈에 뵈었으니 먹기 전에 제사를 올리고 싶다."

그러자 안회가 정색하며 말했다.

"안 됩니다. 아까 밥이 익었나 하고 솥을 열었을 때 큰 재가 떨어져 주걱으로 건져내다 재티가 묻은 밥알이 아까워 그만 몇 알을 입에 넣고 말았습니다. 제사에 쓰기는 깨끗하지 않은 밥입니다."

이 말을 들은 공자가 탄식하며 제자들에게 말했다.

"내가 믿는 것은 눈이지만 눈도 완전치 않고, 내가 의지하는 것은 마음이지만 이 또한 부족하구나. 너희들은 명심해라. 사람을 바르게 안다는 것이 쉽지 않다는 것을."

공자의 이 당부 속에는 사람을 대충 아는 것은 어렵지 않지만, 제대로 깊이 아는 것은 참말로 힘들다는 가르침이 담긴 것이 아닐까. 공자가 왜 유독 안회를 사랑했는지 잘 보여주는 일화다.

사람의 사귐에는 믿음이 우선이다. 하지만 공연한 오해로 난감할 때가 부지기수다. 사람에 대한 오해는 우선 자신에게 부끄럽고 상대를 대하기 계면쩍다. 언제나 속단은 금물이다. 남의 속을 정확히 헤아리지 못하고 멋대로 짓고 까부는 거야말로 작은 죄가 아니기 때문이다.

이해는 마음과 가슴이 하고, 오해는 머리와 생각이 만든다고 한다. 누구에게나 불가피한 사정이 있기 마련이다. 조금만 마음을 열면 훤히 보이는 것을, 덮어놓고 머리로 생각하고 결론을 내리면 오해의 덫에 걸리기 십상이다. 오죽하면 공자께서도 쉬운 일이 아니라고 한탄하셨을까.

"산다는 것은 사람들을 오해하는 것이고, 오해하고 또 오해하다가, 신중하게 다시 생각해 본 뒤에 또 오해하는 것이다. 그렇게 하면서 우리는 우리가 살아 있다는 것을 안다."

소설《미국의 목가》에서 목청을 높인 작가 필립 로스의 뾰족하고 서글픈 지적이 못내 가슴을 휘저었다.

내미는 선배의 거친 손을 잡으며, 어림쳐 짐작하고 모면할 핑계에 몰두했던 나 자신이 얼마나 혜식은 사람인지 진심으로 창피했다. 선배가 건넨 고추장 단지가 묵직하다. 그의 진중한 삶의 무게가 고스란히 느껴진다. 어떡하든 돈을 갚겠다고 천신만고, 애를 썼을 선배의 뒷모습을 보며 내 얼굴은 한참이나 화끈거렸다.

세상은 '불난 집'

보통 뜨거운 날씨가 아니다. 한낮엔 활활 타는 불길 속같이 등줄기를 훅훅 볶아대더니 해가 져도 숙질 줄 모르는 열기에 숨이 턱턱 막혔다. 기상관측이 시작된 후, 올여름(2018)이 최악이라는데 아마도 유사 이래 가장 심한 폭염이 아닐까 싶다.

밤 11시가 훌쩍 넘은 시각, 지하철에서 내려 땀범벅이 되어 집으로 걸어가고 있었다. 날씨 탓인지 평소엔 사람들로 북적거릴 강남역 5번 출구가 차도 사람도 뜸한 채 한산했다. 큰길을 벗어나 작은 사거리에서 막 왼쪽 길로 접어드는데 길모퉁이에 고개를 숙인 채 앉아있는 남자가 보였다. 술에 취했는지 바닥에 털썩 주저앉아 있었다. 그냥 갈까 싶었지만 이 모서리는 턱이 없어 차들이 수시로 넘나드는 곳이라 위험했다. 나는 조심스레 그에게 다가갔다.

"이봐요! 이렇게 앉아있으면 큰일 나요. 어서 가든지 아니면 이 안쪽으로 들어앉아요."

나는 그 사람의 어깨를 가볍게 흔들며 말을 건넸다. 옷이 땀으로 흠뻑 젖어 있었다.

그는 아무 대꾸도 하지 않았다. 고개를 들어 나를 흘낏 쳐다보더니 무슨 상관이냐는 듯 눈길을 거둬 자신의 발부리를 바라보았다. 나이는 얼추 삼십대 초반쯤, 유난히 흰 얼굴은 금방이라도 울 듯 몹시 어두웠다. 술을 먹은 기색은 없었다.

"종종 차들이 이곳을 밟고 지나가니 어서 일어나세요."

다시 권하는 내 말에도 그는 꼼짝하지 않았다. 나는 쓸데없는 오지랖을 탓하며 무연히 돌아섰다. 그때다. 맥없이 앉았던 그가 작은 목소리로 말했다.

"아저씨! 저 밥 좀… 어제 저녁부터 아무 것도 먹지 못했어요."

난 황당했다. 하지만 그의 간절한 눈빛이 내 발목을 꽉 움켜쥐었다.

서둘러 밥집 서너 군데를 뒤졌으나 하는 곳이 없었다. 힘겹게 따라오는 그가 딱하고 염려스러웠다.

"너무 늦어 문을 모두 닫았네요. 저 맥줏집에 가서 닭이라도 먹을래요?"

그는 고개를 끄덕였다.

탁자를 사이에 두고 마주앉은 그는 의외로 멀쩡했다. 회색 바지에 줄무늬 티셔츠, 그리고 검은색 뿔테 안경이 공무원이 아니면 선생님 같았다. 그러나 그의 화법話法은 거슬릴 정도로 독특했다. 똑 부러지게 하는 말이 거의 없었다. 나이를 묻는 말엔 '보기 보다는 많아요', 사는 곳을 물어도 '여기서 상당히 멀어요', 심지어 가족은 있느냐는 질문에도 '있긴 한데 그게…'라며 말꼬리를 눙쳤다. 먹을 걸 구걸한 처지라 신분노출이 싫었겠지만 뜨문뜨문 이어진 대화에서도 '했다'나 '그랬다'가 아니라 '했던 거 같다'와 '그랬던 거 같다'였다. 그마저도 풀죽은 목소리로 우물쭈물 중얼댔다.

술은 못한다고 했다. 허겁지겁 닭을 먹는 그를 보며 이것저것 궁금했지만 잠자코 있었다. 닭 한 마리가 순식간에 없어졌다. 더 먹겠냐는 말에 그는 고개를 가로저었다.

"고맙습니다. 이젠 좀 살 것 같아요."

허기가 가셨는지 훨씬 똘똘해진 눈으로 연신 고개를 주억거렸다.

"왜 거기 앉아 있었던 거요?"

밥값은 해야 할 것 아니냐는 듯 나는 정색을 하며 그에게 물었다.

 "실은 제가 공무원시험을 준비하고 있는데 매번 떨어져 이 모양입니다. 며칠 전 또 낙방을 했거든요. 올해가 네 번째예요. 어렵사리 대학공부를 시킨 부모님께도 면목이 없고 살길도 막막해 무작정 집을 나왔는데 앞이 캄캄하네요. 일반 직장은 엄두가 나지 않고 그나마 공부밖엔 별다른 재주가 없어 죽어라 했는데…."

 속엣말을 털어놓는 그의 표정엔 새까맣게 굳은 절망이 엉겨 있었다.

 경제 불황의 파고가 어제오늘의 문제였던가. 특히 젊은이들의 취업난은 재앙에 가깝다. 회사마다 공채를 한다고 떠들어대지만 막상 들여다보면 서너 명 채용이 고작인데 그마저 줄인다니 걱정이 태산이다.

 취업에 대한 기막힌 사연도 한둘이 아니다. 한 달 이상 애를 태우며 3차까지 합격했어도 또 다시 서너 달을 인턴으로 부리며 점수를 매긴다고 으름장을 놓는다. 게다가 최종 순위에서 일등을 했어도 뽑지 않는 경우도 있다. 언제 나갈지 몰라 차라리 이등을 쓰겠다고 한다니, 잘나서 못 뽑히고 못나서 안 뽑으니 그저 말문이 막힌다. 더욱 염려스러운 것은 대학 졸업을 미루는 것이다. 졸업자는 채용 대상에서 제외되는 경우가 다반사라 졸업 예정자로 버텨야 한다니 안타까운 일이 아닐 수 없다.

'실신세대'란 말도 있다. 실업失業과 신용불량에 허덕이는 청년들을 몰밀어 하는 말이다. 목을 죄는 학자금 상환과 생활비 부족으로 불법 대출에 손을 댔다가 파산 신청을 하는 일이 수두룩하다고 한다. 우리 역사상 처음으로 부모보다 가난해질 그들의 멍에는 생각보다 무겁고 심각하다. 사방이 모두 절벽과 수렁인 게 그들의 현실이다.

어느덧 새벽 한 시가 넘었다. 나는 '죽고 싶어 길바닥에 앉아 있었던 거냐'고 되물었다. 그는 한동안 입을 떼지 못했다.

"부모님들이 모두 중증 장애인이세요. 평생 저 하나 믿고 사시는 분들입니다. 죽고 싶어도 맘대로 죽을 수도 없는 사람이에요. 지난 이맘때 시험에 떨어지고 죽을 만큼 힘들었거든요. 벽을 치고 울부짖으며 수없이 다짐했는데 올해 또 떨어진 겁니다. 솔직히 아까는 저를 용서하기 싫더라고요."

입술을 떨던 그의 눈엔 물기가 번졌다. 나는 어떤 말도 할 수 없었다. 슬픈 건지 아픈 건지 분간이 되지 않는 시간이 흘렀다.

"사람은 각기 꽃 피는 시기가 다르다지 않소? 낙담하면 안 돼요. 힘내요!"

겨우 입을 연 난 흔해빠진 말로 그를 위로했다.

"그래야지요. 스스로 내린 벌을 다 받으면 집에 들어갈 거에요. 가서 또 책상에 앉아야지요. 별 도리가 없으니까요."

오늘밤은 어디서 잘 거냐고 물으니 강남역 지하에 가면 하룻밤 버틸 곳이 있다고 했다. 잠시 눈을 붙이면 새날이 밝을 거란 말도 담담히 덧붙였다.

우린 맥줏집을 나왔다. 늦은 밤에도 폭염의 기세는 조금도 꺾일 줄 몰랐다. 불가佛家에선 세상을 '불난 집'이라고 한다. 삼계三界의 번뇌가 마치 불타는 집과 같다는 말이다.

"비가 내리지 않는 하늘은 없어요. 비가 내려야 무지개가 뜨잖아요? 아무리 버거워도 꼭 살아내야 하는 겁니다."

나는 그의 어깨를 도닥였다. 참기 힘든 열기가 여전히 밤하늘을 꽉 메우고 있었다.

잘 아문 상처에선 향기가 난다

병원 장례식장이다. 가까운 선배가 모친상을 당했다. 집 앞 횡단보도에서 음주 차량에 치여 손써볼 겨를도 없었다고 한다. 작년 이맘때엔 선배의 할머니가 세상을 뜨셔서 이곳을 다녀갔는데, 연이어 생긴 뜻밖의 상사喪事였다. 그때만 해도 망자께선 시어머니 장례 절차를 찬찬히 살피며 하나하나 성심을 다하셨다.

후텁지근한 영안실. 꽃과 향냄새가 뒤섞여 한층 더 가라앉은 분위기다. 국화꽃에 쌓여 환하게 웃는 사진 속 모습이 정겹고 따뜻해 한결 더 애처로웠다. 상복을 입은 4남매의 슬픔이 유난히 망극하다. 딸 둘은 심한 오열로 연신 어깨를 들썩이고 아들들도 내내 고개를 들지 못했다.

"필시 성품 고약한 할머니 때문일 거야. 당신 제사상 차리려고 장에 갔다 이리됐으니, 우리 엄마 불쌍해서 어떡해. 딱해서 어떡해!"

두 딸은 번갈아 푸념을 늘어놓으며 온몸으로 흐느꼈다.

할머니로 인한 어머니의 시집살이가 가혹했다는 것은 선배의 입을 통해 이미 아는 바였다. 백 세를 넘겨 돌아가실 때까지 여든이 다 된 며느리를 올차게 부리셨다는 말씀은 들으면서도 고개가 갸우뚱했다.

"그러니까 여러 해 전 봄이었을 거야. 집안 결혼식이 있어 두 분이 함께 외출했을 때라네. 나란히 길을 가다가 문득 한 뼘 남짓 납작한 돌을 보고는 가방에 넣어 들고 가라고 하시더래. 영문을 묻자 가을 김장할 때 누름돌로 쓰겠노라 하셨다니 이 무슨 괴팍한 심술이란 말인가. 묵직한 돌을 종일 들고 다녔으니 어깨고 팔이고 남아났겠나? 보름 넘게 침을 맞으며 엄청나게 고생하셨지. 그래도 군말 한 번 없으셨으니 착한 건지 못난 건지 도무지 알 수가 없다네."

선배의 말속에는 할머니에 대한 섭섭함이 고스란히 들어있었다.

그게 다가 아니었다. 고방 열쇠는 여든이 넘도록 당신이 간

수 하며 끼니때마다 쌀을 내주셨는데 어찌나 조막손이셨는지 늘 밥이 모자라 어머니 몫은 노상 간당간당했었단다. 아무리 생각해도 이건 고전소설에서나 나옴 직한 계모 이야기였다.

"그뿐인 줄 아나? 할아버지 것은 말할 것도 없고, 퇴직할 때까지 아버지의 월급봉투를 어머니는 단 한 번도 만져본 적이 없었다네. 쓰는 구멍이 둘이면 헤퍼서 안 된다며 본인이 틀어쥐고 앉아 어머니는 생활비를 일일이 타서 쓰셨지. 그러니 살림살이가 오죽했겠나. 검박과 절약이 몸에 배 늘 꾀죄죄하고 누추하기 이를 데 없었지. 그래도 집안 살림을 이만큼 일군 게 다 당신 덕이라며 떵떵거리는 할머니 앞에서 어머니는 불평 한 자리 늘어놓은 적이 없었다네. '네' 소리 외엔 할 줄 모르는 양반이었지."

벼락같은 목소리에 짱짱한 행동거지는 순순했던 어머니가 도저히 당해낼 재간이 없으셨단다. 평생 아무 소리 못 하고 할머니를 그림자처럼 따라다니며 온갖 수발을 다 드셨다는 것이다.

할머니의 49재, 재를 마치고 식사할 때였다. 살아생전, 할머니에 대한 원성이 에서제서 불거지자, 불편하게 듣고 계시던 어머니가 별안간 일침을 놓으셨다.

"돌아가신 분께 애먼 소릴랑 하지 말아라. 누가 뭐래도 할머니는 내게 엄준했지만 자애로운 보살이셨어. 아마도 난 전생에 지은 업장이 두터워 이리 변변찮고 미욱하게 생겨났지 싶다. 할머닌들 남 타박이 좋았겠냐만, 세세생생 갚아도 모자랄 태산 같은 업보를 쉬 풀어내도록 고통 속 수행으로 일러주셨던 게 아닐까 싶단다."

어머니는 할머니의 위패를 올려다보며 합장을 했다.

"성품은 불같으셔도 매사 경우는 똑 부러진 분이셨지. 할아버지 사업이 휘청거릴 때도, 너희 아버지가 보증을 잘못 서 벼랑 끝에 섰을 때도 강강히 나서 번듯하게 해결했던 분이셨다. 당신은 송곳 끝같이 나무랄지언정 누구에게든 우릴 감싸고 보살폈던 분이 할머니셨어. 얼음같이 차다가도 도닥일 때 손길은 훈훈한 햇살이셨지. 내 깜냥에 너희 4남매 모두 이렇듯 남부럽지 않게 키울 수나 있었겠니? 나에겐 기댈 만한 커다란 나무였고, 비바람 막아주던 넓은 우산이셨다. 힘겨워 불쑥 노여움이 올라올 때도 '보살님! 나의 보살님!' 속말로 되뇌며 지그시 입술을 깨물곤 했었지. 내겐 분명 의지처요, 관세음보살이셨으니 허튼소리 말고 점심 공양이나 잘하고 조용히 돌아가도록 하자."

평소와 다른 단호한 어투에 감히 누구도 나서질 못했다. 잘 아문 상처에선 향기가 난다 했던가. 진정 누가 누구의 보살이 없는지 모를 이야기를 맑은 경문 외듯 찬찬히 말씀하셨다.

일본에 백은 선사(1685~1768)란 분이 계셨다. 고결한 수행자로 명성이 드높아 살아 있는 부처라 일컫는 분이다. 추운 겨울, 큰절의 초청을 받아 법문을 해 주고 돌아오는 길이었다. 헐벗은 나환자가 길바닥에서 떨고 있었다. 하도 가엾고 딱해 입었던 겉옷을 벗어 그에게 입혀주었다. 그러나 문둥이는 가타부타 말이 없었다.

"이 사람아! 아무리 낡은 누더기일지라도 도움을 받았으면 인사는 건네야 하지 않겠나?"

선사께서 탓하자 그 나환자가 말했다.

"이보시오, 대사! 내가 옷을 입어주었으니, 하찮은 보시를 받아주어 고맙다는 인사를 그대가 해야 하지 않겠소."

오히려 적반하장, 야단을 치더라는 것이다. 이 순간 선사는 그만 정신이 번쩍 들어 땅바닥에 엎드려 절을 올렸다.

"아직도 수행이 모자란 소승이 아만에 빠져 성현을 몰라뵈었습니다. 일러주신 큰 지혜에 감사드립니다."

절을 하고 고개를 들어보니 나환자는 온데간데없고 향기로운 연꽃 한 송이가 그 자리에 피었더라는 것이다. 그때야 백은 선사는 그 나환자가 바로 문수보살의 현신임을 알고, 비로소 집착 없이 깨끗하게 베풀어야 하는 무주상보시無住相布施의 참

뜻을 깨달았다고 한다.

과연 선배의 어머니에게 할머니는 누구셨을까. 어떤 대가도 바라지 않고 몸이 부서져라 따르며 평생 베푸신 보시의 속뜻을 일깨워주신 문수보살이셨을까, 아니면 시종 들볶으면서까지 전생의 과보를 말끔하게 씻어주신 관세음보살이셨을까. 문득 다음 생엔 두 분이 또 어떤 인연으로 만나실까 궁금했다. 영정사진 속 미소를 보며, 찰진 인연으로 앞서거니 뒤서거니 함께 떠나신 두 분의 왕생극락을 기원하며 두 손을 모은다.

스미듯 번지는 향기

　세상에는 다양한 사람들이 모여 산다. 얼핏 모양새는 비슷해 보여도 각기 나름의 향기와 빛깔을 지니고 있다. 고르지 않은 사람들이 뒤섞여 살다 보니 사납고 거친 사람도 적지 않지만, 모든 일에 반듯하고 온유해 꽃처럼 향기로운 사람도 드물게 볼 수 있다. 자신으로 말미암아 세상을 맑히고 훈훈하게 만드는 사람, 그런 사람을 만나는 것은 행운이고 축복이다.

　B 선생님은 내가 교직 초년 시절에 만났던 교감 선생님이다. 유난히 기억에 또렷이 남아 있는 분이다. 부지런함이 몸에 밴 자그마한 체구에 백발이 성성한 선생님께선 찬찬하고, 단정하

셨다. 크든 작든 당신의 일은 모두 손수 했기에 사람을 불러대는 일이 거의 없었다. 말씨도 정갈해 아랫사람에게도 말을 놓는 법이 없고, 함부로 꾸짖거나 화를 내는 적이 없었다. 특히 어떤 경우에도 뒷말을 하지 않았다. 모든 사람에게 공정했고 일일이 배려했으며 예외 없이 존중했다. 그러다 보니 개중엔 선생님을 얕보고 업신여기는 사람도 있었지만, 열 번이고 스무 번이고 몸소 다가가 타이르고 설득하여 어떤 갈등도 순하게 가라앉혔다. 그 변함없는 모습에 나중에는 모두가 따르고 존경했다.

공교롭게도 나와는 고교 선후배 사이였다. 그분 말고도 세 사람의 동문이 더 있었건만, 한 번도 개별적 모임을 갖지 못했다. 선생님의 간곡한 뜻이었기에 티도 내지 못한 채 무덤덤해야 했다. 뒷날 퇴직을 하신 후에도 "어떤 명분으로든 직장에서 무리를 짓는 것은 옳은 일이 아니에요."라며 틈만 나면 강강한 목소리로 우리에게 당부했다.

지나치게 깔끔한 성품은 결벽에 가까워 누구에게도 폐를 끼치지 않았다. 어느 날, 선생님께서 결근하신 적이 있다. 사람들은 그저 몸이 불편하신 줄로만 알았다. 하지만 나중에 들으니 큰아들의 결혼식이 있었다는 거였다. 물론 둘째의 혼인도 소리 없이 치른 건 당연했다. 심지어 사모님께서 먼저 세상을 떠났을 때도 조촐한 가족장을 핑계로 문상을 거절했다. 그렇다고 남들의 경조사를 모른 척하는 분은 아니다. 거리나 시간에 상관없이 어김없이 참석하여 성심을 다했다.

그분의 퇴임식은 단출했지만 충만했다. 사람들마다 진심으로 아쉬워했고, 존경하는 마음으로 갈채를 보냈다. 맑은 성품과 올곧은 행동은 과장이나 치장 없이 잘 다듬어진 전설이 되어 오랫동안 사람들 입에 오르내렸다.

불교 경전에는 상불경보살常不輕菩薩이 등장한다.《법화경》제20〈상불경품〉에 나오는 인물이다. 줄여서 '불경보살'이라고도 하는데, 석가모니 부처님이 과거 인행忍行을 닦을 때의 모습이다. 그는 만나는 사람마다 먼저 절을 하고는 '나는 그대들을 가벼이 여기지 않습니다. 왜냐하면 그대들은 장차 불성을 닦아 마침내 부처를 이룰 것이기 때문입니다'라며 한평생 남들에 대한 공경의 마음을 묵묵히 실천했다. 때로는 모진 욕설을 해대며 막대기나 돌멩이로 때리는 사람을 만날지라도 늘 같은 말을 하고 다녔다.

'상불경'이라는 이름에는 남을 깔보지 않겠다는 뜻이 담겨 있다. 그는 경전을 읽거나 외우지 않고 오직 수행자만 보면 공손히 예배하고 찬탄할 뿐이었다. 배웠건 못 배웠건 가졌건 못 가졌건 차별하지 않고, 불성을 닦으면 누구나 부처가 될 수 있다는 가르침을 오롯이 폈던 분이 상불경보살이다. 입으로 말만 앞세웠던 것이 아니라 실천을 중요시했기에 오랜 세월이 지난 뒤 석가모니부처님으로 이 사바에 출현하여 《법화경》을 설하게 된 것이다.

B 선생님께선 우리 곁에 오셨던 상불경보살이다. 교사가 갖추어야 할 공정과 배려 그리고 존중이란 덕목을 친절하고 나직한 목소리로 일깨워, 교사로서의 자긍심과 존귀함을 스스로 깨닫게 한 참스승이었다.

그분이 퇴직하고 십수 년이 지난 어느 날 오후였다. 느닷없이 전화를 하셨다. 한동안 연락을 드리지 못한 터라, 나는 송구한 마음에 할 말을 찾지 못하고 있었다.

"말로만 정말 말로만이라도 고맙다는 인사를 하고 싶어서 전화했어요. 이제 해가 다 기울어 내게 남은 시간이 별로 없는데, 가끔 선생님 생각이 나더라구요. 그래서 말로만이라도 감사의 뜻을 표하고 싶어서…. 다른 동문들도 다 잘 있지요? 그분들께도 그동안 감사했다고 꼭 좀 전해주세요."

왜 뜬금없이 이런 말씀을 하시는 줄 몰라 우물쭈물하다가 얼결에 전화를 끊고 말았다. 그리고 한 열흘쯤 지난 후였다. 궁금하고 걱정이 된 나는 전화를 드렸다. 한참 만에 받은 사람은 며느리였다.

"아버님께서 일주일 전에 돌아가셨습니다. 끝내 병원 치료를 마다하신 채 보름 정도 아무것도 입에 대지 않고 계시다가 그만…."

작게 흐느끼며 타계 소식을 전했다. 누구에게도 알리지 말고 화장하여 아내의 무덤 곁에 뿌리라고 하셨다니 마지막까지 깔밋한 성품은 굽힘이 없으셨나 보다.

말끔하게 살다 간 인생에선 향기가 난다. 선생님의 삶에서 풍기는 은은한 들꽃 향은 시간이 흐를수록 스미듯 번지며 우리들 마음속에 선명하게 남아있을 것이다.

2부
죽음, 삶을 가르치다

나는 매일 아침 솔숲에 다녀온다

아침에 눈을 뜬다. 천천히 일어나 침대 밑 방바닥에 발을 디딘다. 차끈하고 딱딱한 감촉이 다리를 타고 전해온다. 그 느낌에 집중하며 느릿느릿 걷는다. 따뜻한 차 한 잔을 우려 책상 앞에 앉는다.

편안한 마음으로 〈티베트 싱잉볼 명상음악〉을 켠다. 책상다리를 하고 허리를 곧추세우며 눈을 감는다. 호흡을 가다듬고 의식을 붙잡아 정수리에 올려놓는다. 그 의식을 서서히 아래로 내려 눈, 코, 귀, 입술, 턱을 지나 어깨, 팔뚝, 손목, 손가락에까지 꼼꼼히 가져갔다가 다시 가슴, 배, 배꼽 등을 어루만지며 발가락까지 부드럽게 내리훑는다. 손으로 만지듯 생각으로 쓰다듬는다. 5분이면 충분하다.

발끝에 머물던 의식을 데려다 코끝에 고정시킨다. 들숨과 날숨을 느끼기 위해서다. 인식하지 않고 그냥 덤덤히 그것을 바라본다. '숨이 들어오면 숨이 들어오는구나, 숨이 나가면 숨이 나가는구나'를 무심히 관觀하며, 바로 지금 여기에 집중한다.

물론 처음부터 쉬운 일은 아니다. 명상의 저편에는 늘 생각이 도사리고 있다. 생각은 명상을 방해하는 가장 큰 걸림돌이다. 불교 경전에서도 생각을 가리켜 "허공을 날아다니는 그물 같다"라고 했다. "어지럽게 이리저리 나부끼기로는 기러기 털보다 가볍고, 쉬지 않고 내달리고 흩어지기로는 빨리 지나는 바람 같고, 제지하기 어렵기로는 원숭이보다 더하고, 잠깐 나타났다 순식간에 사라지기로는 번개보다 더 빠른 것이 마음"이라고 《대지도론大智度論》은 불쑥대는 생각을 꼼꼼히 지적하고 있다.

생각은 항상 어디에든 가 있다. 하지만 현재에 머물러 있기보다는 대부분 과거나 미래의 일을 쫓아다닌다. 이미 지나가 돌이킬 수 없는 과거에 휘둘리며 후회와 분노로 몇 번이고 다시금 상처를 받는다. 가끔 아름다운 과거를 회상할 때도 있지만, 이것마저도 현실의 괴로움과 불만이 '그때가 좋았었는데…' 하며 불러들이는 바람직하지 못한 감정일 뿐이다. 더욱이 즐거웠던 과거를 자꾸 쫓는다면 현재가 더 싫어질 수도 있다.

또 생각은 미처 오지 않은 미래를 떠올리며 걱정과 불안에 끊임없이 꺼둘린다. 아직 일어나지 않은 일은 누구도 예측할 수 없다. 그런데도 불확실한 미래에 매달려 동동댄다면 그만큼 현재에 충실치 못한 것이다. 현재가 미래를 만든다는 걸 잊어서는 안 된다.

생각을 바로 지금 여기에 두는 것은 후회와 분노, 걱정과 불안에서 벗어날 수 있는 가장 확실한 방법이다.

생각은 세 가지 특성을 가지고 있다.

하나는 잠시도 멈출 수 없다는 점이다. 어느 한순간도 끊어지지 않는다. 꼬리를 물고 일어났다 사라지면 다시 그 꼬리를 무는 것이 생각이다. 그리고 눈덩이처럼 굴리면 굴릴수록 커지고 무거워진다.

둘째는 어느 쪽으로만 생각을 계속하면 아예 그쪽으로 길이 나고 만다. 밝은 생각을 자주 하면 그 방향으로 길이 트고, 어두운 생각을 줄곧 하면 점점 빠져들어 헤어나지 못한다. 틈만 나면 길이 터진 쪽으로 생각이 내닫기 때문이다.

셋째는 한 생각에 치중하고 있으면 다른 생각이 비집고 들어오지 못한다. 생각이란 한 번에 한 곳밖에는 가지 못한다는 말이다. 간혹 음악을 들으며 책을 읽는 사람이 있는데 엄밀하게 말하면 음악을 듣다가 책을 읽다가를 반복하는 것이지 둘을 동시에 하는 것은 아니다.

명상은 이 세 가지 특성을 다스려 자기 생각을 조절하는 것이다. 끊임없이 날뛰는 생각을 멈추고 호흡에 의식을 집중하여 쓸데없는 생각이 스며들지 못하게 반복적으로 수행하는 것이다. 그러다 보면 오만가지 생각으로부터 놓여나 오직 호흡에만 몰두할 수 있는 쪽으로 서서히 길이 난다. 명상하고자 자리를 잡기만 해도 의식이 스스로 호흡을 보며 집중의 길을 찾아 나선다. 결국 한 번에 한 곳밖에는 갈 수 없는 생각을 자신이 틀어쥘 수 있는 것이다. 명상을 하면서 온전히 내 호흡에만 몰입하다 보면 생각과 나를 분리할 수 있다. 그리고 어떠한 동요 없이 자신을 객관적으로 바라보는 능력을 키울 수 있고 자발적인 희열과 행복이 만들어진다. 또한 감정 에너지를 조절할 수 있게 되어 다른 사람을 보살피고 인정하는 능력까지 만들 수 있다. 그래서 명상은 인간의 탐욕을 벗고 넓고 평화로운 세상과 내가 하나임을, 그것이 영원한 자유임을 알게 해주는 과정이다. 번잡한 생각으로부터 풀려나 잠잠한 세계 속으로 빨려 들어가는 것이다.

오늘 아침도 차분히 앉아 눈을 감는다. 호흡에 열중하며 온갖 생각을 내려놓는다. 느껴지던 호흡마저 가늘어지면 깊은 무념 속으로 들어간다. 공간과 시간이 사라지고 텅 빈 고요가 주변을 가득 채운다. 미동도 없다. 고요가 차츰 더 견고해진다. 한껏 시간이 흐른다. 이때쯤이다. 싱잉볼의 청아한 소리가 의식을 깨운다. 다시 들숨과 날숨을 알아차리며, 서서히 명상으로부터 빠져나온다.

두 손을 모아 빠르게 비벼 따뜻하게 만든다. 그 손을 두 눈에 대고 부드럽게 비빈다. 손바닥을 떼며 천천히 눈을 뜬다. 입가에 미소를 지으며 몸을 편히 푼다. 문득 맑은 숲의 솔향기가 코끝을 스친다. 몸이 가볍고 상쾌하다. 정신이 명료해진다.

이렇듯 나는 매일 아침 솔숲에 다녀온다.

아니티야

월정사 '단기출가학교'에서 있었던 일이다. 비록 한 달간이지만 '묵언默言'과 '하심下心'을 내세운 엄한 규율이 얼음장 같다고 정평이 나 있는 곳이다.

새벽 3시 30분에 일어나 각종 예불과 수행으로 잠시도 짬이 없던 빡빡한 일정, 그나마 겨우 한숨을 돌릴 수 있는 저녁 강의 시간이었다. 여느 때 같으면 경전을 강독하거나 교리를 해설할 시간인데, 뜻밖에도 지도 스님이 편지지 한 묶음을 들고 오셨다.

"자, 오늘 이 시간에는 평소 가져보지 못한 특별한 경험을 해 보겠습니다. 내일 여러분들이 죽는다고 가정하고 유서를 써보세요. 우선 누구에게 쓸까를 정한 연후에 남기고 싶은 말들을 잘 정리해보시기 바랍니다."

49명의 남녀 행자行者들은 서로를 쳐다보며 당혹감을 감추지 못했다. 줄을 맞추어 책상에 앉은 사람들의 얼굴엔 심각함이 역력했다.

나는 망설임 없이 '아내에게'라고 모두冒頭를 썼다. 하지만 한 줄도 더 나가지 못한 채 망연히 편지지만 바라보고 있었다. 어디선가 엷게 흐느끼는 소리가 들렸다. 둘러보니 아예 책상에 엎드려 우는 사람도 있었다. 누구에게나 생을 마감하는 감회는 감당키 어려운 설움일지 모른다. 시간이 지날수록 머릿속은 텅 빈 듯 아무 생각도 떠오르지 않았다. 울컥 치밀어 두 손을 부르쥐었던 일도, 한숨과 뒤섞여 가슴을 쥐어뜯던 일도, 주마등처럼 스치며 회한과 범벅이 된 채 한갓 낡은 보따리처럼 한쪽 구석으로 밀려났다. 굳이 내세울 일도, 크게 애통할 일도 없이 밍밍하게 살아온 탓일까. 아무리 휘저어도 건져 올릴 건더기가 없었다. 몇 번의 재촉을 받고 겨우 끼적여 놓은 것은 부모님과 두 아들에 대한 염려를 아내에게 당부하는 내용이 고작이었다. 갑작스러운 죽음 앞에 끌끌히 마무리 못한 너절한 일들이 여기저기 나뒹굴고 있으니 무슨 수로 가닥을 잡아 가지런히 정돈할 수 있단 말인가. 시간 반을 훌쩍 넘긴 후에야 유서들은 모아져 스님이 가지고 나갔다. 상기된 얼굴로 잠자리에 누운 행자들은 내남없이 뒤척이며 잠을 이루지 못했다.

다음날 아침, 한여름의 따가운 햇살이 등줄기를 훅훅 볶아댔다. 아침공양을 마친 행자들은 각자가 쓴 유서를 받아들고 다비장으로 향했다. 월정사는 한국불교 제4교구 본사로 전통불교장례의식을 위한 화장장火葬場을 갖추고 있다. 그곳은 전나무숲길에서 한참 벗어나 후미지고 으슥한 곳이었다. 아름드리 나무가 빽빽이 둘러쳐진 둥글고 평평한 공터는 여름내 우거진 잡풀에 뒤덮여 한낮에도 선뜩하고 스산한 기운이 감돌았다. 가운데엔 오랜 세월 그을음이 앉아 시커멓게 변한 소대燒臺가 하늘을 향해 입을 벌리고 있다. 우리들은 그 소대를 중심으로 빙 둘러섰다. 밀짚모자를 쓰고 있었으나 온몸으로 땀이 비 오듯 흘렀다.

"아함경에는 '이 세상에서 가장 확실한 일은, 살아 있는 자는 모두 죽는다는 사실이다'라고 적혀 있습니다. 분명 우리는 언젠지 모르지만 반드시 이 세상을 떠나게 됩니다. 가뭇없이 사라질 그날을 상정하며 지금부터 자신이 쓴 유서를 한사람씩 차례대로 읽겠습니다. 모든 사람들이 다 들을 수 있게 큰 소리로 읽어주십시오. 그리고 듣는 분들은 한 인간이 자신의 생을 마무리하면서 어떤 생각을 하고 무슨 말을 남기는지 귀를 기우리며 스스로를 되돌아보십시오. 죽음을 직시하는 순간 오히려 각자의 삶에 새로운 의미가 더해질 수 있습니다. 잘 살면 아름답게 죽을 수 있으니까요."

웃음기 없는 얼굴로 스님은 근엄하고 단호하게 말했다.

이윽고 한 사람씩 자신의 유서를 읽어나갔다. 하지만 끝까지 읽는 사람은 없었다. 떨리는 목소리로 서너 줄을 읽다간 그만 흐느꼈다. 아예 시작조차 못하고 주저앉는 사람이 태반이었다. 정수리를 녹일 만큼 따가운 햇볕이 내리쪼이고 육신을 태우기 위해 장작더미가 쌓였던 소대의 시커먼 공혈孔穴 속에선 눅눅한 열기가 내뱉듯 뿜어 나왔다.

내 차례가 왔다. 나라도 제대로 읽어 땡볕을 버티는 도반들의 시간을 아껴주고 싶었다. 입술이 가볍게 떨렸다.

"아내에게. 먼저 떠나 미안하오. 느닷없는 죽음엔 앞뒤가 없다지 않소. 우리 그 이치를 원망치 맙시다. 돌아보건대 만 36년, 짧지 않은 세월을 함께 해주어 정말 고마웠소."

여기까지가 다였다. 꽉 메인 목으로 더 이상 읽을 수가 없었다. 눈앞이 뿌옇게 흐려지며 눈물이 쏟아졌다. 문득 느껴지는 덧없음. 그동안 내 몸을 친친 감고 있던 끝없는 탐욕과 벌컥대던 성냄, 그리고 베풀지 못한 어리석음이 이글거리는 불길처럼 내게 달려들었다. 허무감이 밀려왔다.

세상 온갖 일들은 시간의 흐름에 따라 변하고 소멸하는 과정에 불과하다. 홀연히 생겨났다가 부질없이 사라지는 것이다. 예외는 결코 있을 수 없다. 인연에 의해서 생겨나는 모든 것은 반드시 변하고 사라져 어느 것도 지금 그대로 있을 수 없다는 것을 범어로 아니티야anitya라 한다. 우리말로 옮기면 무상無常이라는 말이다.

"태어날 때는 어디서 왔으며, 죽으면 어디로 가는가? 태어남은 한 조각 뜬구름이 일어나는 것이요, 죽음은 한 조각 뜬구름이 사라지는 것이다."

화엄경 한 구절이 소소한 바람을 타고 들리는 듯하다.

무상하다. 다 무상하다.

목불木佛은 불속을 지날 수 없다

영주榮州 부석사다. 절집 마당 한 귀퉁이, 아득히 보이는 죽령의 모양새가 다소곳하다. 건너 들판에서 불어오는 바람은 안양루安養樓 밑 돌계단을 가까스로 올라서더니 한 줄기 먼지를 공중으로 감아올리며 석등 앞 배례석 위에서 멈춘다. 이 모퉁이에서 보는 무량수전의 모습은 실로 장하고 빼어나다. 배흘림기둥 사이, 들린 문으로 뵈는 아미타 소조 여래좌상의 옆모습이 다사롭기 그지없다.

다시 먼지바람이 일어 언덕을 타고 오르며 꼬리를 감춘다. 아이들과 나는 바람이 이끄는 곳으로 천천히 걸음을 옮긴다. 삼층석탑을 돌아 산죽을 더위잡으며 조사당에 오르면 처마 속

골담초가 우리를 반긴다. 잠시 숨을 고르고 서편 산길을 더듬어 가면 빽빽한 솔숲에 자인당과 응진전이 숨어 있다. 그 뒤편 구석진 곳, 한 평 남짓 작은 전각이 눈에 띈다. 정면 1칸, 측면 1칸의 맞배지붕이 앙증맞은 단하각丹霞閣이다. 빠끔히 열린 문틈 사이로 조잡한 솜씨의 나한상 한 분이 모셔져 있다. 푸른색 쥐 한 마리를 잡아 왼 무릎에 앉힌 소상塑像의 주인은 사리를 얻기 위해 목불을 쪼개 땠다는 '단하천연선사'다.

지난 추석, 차례를 지낼 때 일이다. 방바닥에 엎드려 지방紙榜을 쓰던 큰애가 제수를 나르던 작은 아이에게 버럭 소리를 질렀다. 써놓은 지방 위를 훌쩍 넘어갔다는 것이다. 조상의 혼백이 담긴 신주를 동생이 넘어갔으니 다시 써야 하는 것은 아닌지 우려의 목소리로 내게 물었다. 작은 아이는 큰 죄를 지은 듯 나와 제 형의 얼굴을 번갈아 보며 상기된 채 어정쩡히 서 있었다.
"글쎄다. 조심했으면 좋았겠지만, 지방을 다시 쓰기보다는 송구한 마음으로 더욱 성심껏 차례를 모시는 것이 좋을 것 같다. 써놓은 지방을 허투루 넘어간 것은 동생이 잘못했지만, 오늘 우리가 정성스레 음식을 차리고 극진히 절을 올리는 것은 한낱 종이를 향한 것은 아닐 게다. 조상의 넋이야 우리들 마음속에 있는 것이고, 그 존경심에 차례를 모시는 것이지 글자 몇 개 적어놓은 지방을 위한 건 아닐 거야. 허공에 대고 추모할 수 없으니 우리 스스로 상相을 지어놓고 기리는 것은 아닐지…"

고개를 끄덕이는 아이들을 데리고 진중하게 차례를 마쳤다.

단하선사는 중국 육조시대의 승려다. 인물에 대한 상세한 기록은 없고, 법명은 천연天然이라 전한다. 어느 추운 겨울날이다. 만행萬行을 하는 도중 낙동洛東 혜림사慧林寺에서 하룻밤을 묵게 되었다. 아주 늦게 도착한 까닭에 저녁도 먹지 못하고 객방에 드니 너무 추워 잠을 이룰 수 없었다. 살펴보니 이곳의 부처님은 목불이었다. 천연은 법당에서 목불을 내려다 쪼개서 불을 피워 따뜻하게 밤을 보냈다. 다음날 절에서는 난리가 났다. 승려들이 예불하려고 보니 불상이 없었다. 마침 부엌에 있던 원주스님이 타다 남은 목불을 발견했다. 원주는 대중들을 불러 모으며 소리쳤다.

"세상에 이런 법이 어디 있습니까? 큰일 났습니다."

이렇듯 밖에서 소란스럽게 웅성거리자, 천연은 천연덕스럽게 문을 열고나오며 말했다.

"소승은 이 절의 부처님이 대단한 법력을 지니셨다고 들었습니다. 그래 부처님 몸에서 사리가 나오나 다비茶毘를 해봤더니,

사리가 나오지 않더군요."

원주스님은 기가 막혀 화를 내며 말했다.

"아니 나무 불상에서 무슨 사리가 나온답디까?"

그러자 천연선사는 태연스레 말했다.

"사리도 나오지 않는 부처인데, 불 좀 피워서 몸 좀 녹였거늘 무슨 큰 죄가 됩니까?"

원주는 그만 아무 말도 할 수 없었다.

단하천연선사는 부처를 부정한 것이 아니다. 색신色身의 형상에 얽매여 참 부처를 보지 못하는 대중들에게 목불을 태워 진불眞佛을 발견할 수 있도록 형식과 틀을 부수어버린 것이다. 마치 조주선사趙州禪師가 "철불鐵佛은 용광로를 지나지 못하고, 토불土佛은 강을 건너지 못하며, 목불은 불속을 지날 수 없다."는 말이 불쑥 떠오르는 이야기다. 불교의 참된 진리는 일체의 걸림을 제거하는 해탈에 있고, 진실한 선의 세계는 유와 무, 선과 악을 초월하는 무심에 있기 때문이다.

응진전 앞, 숨이 턱에 찬 아이들에게 단하각을 소개하며 찬찬히 둘러보았다. 그리고 선사의 유명한 '단하소불丹霞燒佛' 이야기를 소상히 들려주었다. 알 듯 모를 듯 두 아이는 서로를 쳐다보며 고개를 갸우뚱했다.

우리는 평생 살아가면서 얼마나 많은 상을 짓고, 그 헛된 상에 갇혀 허우적거리는지 가만히 생각해 볼 일이다. 밤하늘에 별을 선명하게 보기 위해서는 지상에 불을 꺼야 한다. 진리를 더욱 또렷하게 찾기 위해서는 두 손에 쥐고 있는 아만이나 집착, 그리고 자신이 만든 상을 전부 내려놓아야 한다. 때마침 서쪽 하늘이 노을로 붉게 물들고 있다. 단하丹霞가 온 하늘을 가득 메우고 있었다.

소리, 비워내다

새벽에 잠에서 깬다. 주위가 잠잠하다. 희붐한 방안, 여명 속 고요가 한가득이다. 소리 없이 몸을 일으켜 조심스레 몸을 푼다. 발바닥의 감촉을 고스란히 느끼며 천천히 걸어 식탁으로 간다. '딸깍' 포트에 물을 끓인다. '보글보글' 물 끓는 소리가 전부다. 행동을 일일이 인식하고 집중하면 소리를 줄일 수 있다. 매사를 조용히 그리고 바르게 하게 된다. 차 한 잔으로 몸을 덥힌 후, 들숨과 날숨을 챙기며 명상 속에 든다. 잠시잠깐이라도 소리를 내지 않고 사는 것. 바로 지금 여기를 분명히 알아차리며 올차게 사는 길이다.

연전年前에 인연 있는 절에서 출가 체험을 했다. 삭발하고 염의를 걸친 채, 한 달 꼬박 행자 노릇을 했다. 얻기 위함이 아니라 내려놓고자 함이니 홀가분했지만, 수행 일정을 감당하며 허드렛일을 도맡다 보니 휘지고 고달팠다. 하지만 지닌 뜻이 깊었기에 보고 듣고 행하는 것 모두가 귀한 법문이었다.

벅차면 하루가 길어진다. 그중에서도 가장 힘겨웠던 일은 '묵언默言'이었다. 출가 기간 내내 말 한마디도 해서는 안 된다. 대답은 합장이 대신했다.

"참된 묵언이란 말뿐 아니라, 몸과 뜻까지도 침묵하는 겁니다. 따라서 가능한 몸의 움직임을 줄여 소리를 만들지 않아야 합니다."

찰중스님의 목소리는 서릿발처럼 차갑고 엄격했다.

작성作聲 참회 300배 — 묵언을 어긴 날, 취침 시간 이후 받아야 하는 벌이다. 무심코 말을 뱉거나 자기로 인해 소리가 만들어졌을 때, 지적받은 횟수에 따라 해야 하는 절의 숫자는 무한정 늘었다. 감시는 빈틈없었다. 대화나 웃음은 물론, 물건을 떨어뜨려 소리를 만들거나, 식사 중 그릇을 부딪치고 먹는 소리를 내면 어김없이 지적을 받았다. 신발을 바닥에 내려놓을 때나 털썩 주저앉는 소리에도 가차 없었다. 심지어 하품이나 트

림도 소리가 들리면 작성에 해당됐다.

　묵언이 깊으니 절집은 적막강산이다. 내려앉은 고요가 사람들 사이로 촘촘히 스민다. 수십 명이 한 방에 있어도 새소리, 바람소리, 빗소리가 침묵 사이를 그득 메운다. 까악 까악, 까마귀의 울음소리가 저리 청량하게 들린 적이 있었던가. 말없이 들으니 온갖 소리가 새롭다. 묵언, 입을 닫고 귀를 여니 새삼 다른 세상이다. 오해는 줄고 이해가 는다. 새로운 세계가 다소곳이 다가왔다.

　나는 소리를 달고 살았다. 찬찬치 못한 까닭에 수시로 부딪치고 툭하면 떨구고 자주 엎었다. 딴 곳을 보고, 허튼소리를 들으며, 엉뚱한 생각에 손에서 놓쳐 깨친 찻잔이 부지기수다. TV를 보면서 음식을 먹고, 사방 두리번대며 운동을 했다. 책을 보면서도 컴퓨터 화면을 흘깃거리고, 신문을 펴든 채 듣고 말했다. 매사 건성건성 부산을 떨었다. 흘리고 넘어지고 번번이 다쳐도 고치지 못하는 고질이었다.

　"소리만 없애는 게 아니라 끊임없이 올라오는 번뇌와 망상, 분별마저 쉬는 것이 참된 묵언입니다. 생각은 과거와 미래를 끊임없이 오락가락 허덕입니다. 이런저런 잡념으로 어지러운 생각을 오직 '지금 여기'에 모으는 것이 진짜 묵언입니다."

수행 기간 줄곧 들었던 이 말은 실로 명약이었다. '지극한 도는 어렵지 않다[至道無難]'고 했던가. 불현듯 얻은 이 한마디가 해묵은 병고病苦에 적절한 처방이었다.

어느 스님이 스승에게 물었다.
"어느 것이 깨친 것이고 어느 것이 못 깨친 것입니까?"
그러자 큰 스님은 말했다.
"나는 밥 먹을 때는 밥 먹는 생각만 한다."
밥 먹을 때 공부를 생각하는 것도 바르지 않고, 공부할 때 밥 생각을 해도 옳지 않은 것이다. 그것은 밥 먹는 것도 제대로 못 하는 것이고 공부하는 것도 그르치는 일이다.
"과거를 뒤쫓지 말라. 미래를 갈구하지 말라. 한번 지나가 버린 것은 이미 버려진 것, 그리고 미래는 아직 오지 않았다. 당면한 현재의 일들을 자신의 처지에서 잘 살펴 흔들림 없이 바르게 판단하라. 그리고 그 경지를 더욱 넓히라. 다만 오늘 해야 할 일에 전력을 기울이라. 누가 내일의 죽음을 알리오."
〈일야현자경―夜賢者經〉의 울림이 굵고 우렁차다.
번뇌와 망상은 거의 모두가 과거나 미래에 대한 것이다. 바로 지금 여기를 관하라. 현재를 바로 보지 못하는 한 과거와 미래가 무슨 소용이란 말인가!

소리로부터 빠져나오니 비로소 내가 나를 온전히 살게 된다. 소리를 비워내면서 부족한 자신을 성찰하고 마음을 밝히는 시간을 늘려나간다. 절집에서 들었던 새소리, 바람소리, 빗소리가 이제야 오롯이 내 귀에 또렷하다.

백운이 청산에 공연히 왔다가네

쿠시나가라 — 인도 북부 작고 궁핍한 숲속의 외진 마을. 두 그루 사라나무 사이에 자리를 깔고 두 발을 포개고 누우셨다. 나무에선 때 아닌 꽃이 피고 붓다의 몸 위로 꽃비가 내린다. 천상의 음악소리 아득히 퍼지며 밤이 깊어간다. 천신들의 뜨거운 눈물로 숲은 하얗게 변하고[鶴樹雙林] 울음을 삼키는 제자들은 묵묵하다.

백성들이 달려온다. 소식을 듣고 말라족 백성들이 몰려든다. 죽음을 앞둔 붓다에게 예경하며 울부짖는다.

"세존께서는 어찌 이리도 빨리 가시나이까. 세상의 눈은 어찌 이리도 빨리 망하나이까."

붓다는 그들의 슬픔을 어루만지고, 다시 깊은 선정에 들었다. 이때 늙은 이교도 수밧다가 찾아오자 그를 맞는다. 마지막 제자를 위해 가쁜 숨을 몰아쉬며 간곡히 깨달음을 설한다.

"수밧다여, 팔정도八正道가 있으면 나의 가르침이고 팔정도가 없으면 나의 가르침이 아니니라. 부디 팔정도를 실천하라. 부질없는 이론에 빠지지 말라."

이윽고 마지막 시간이 다가오고 있었다.

"모든 것은 덧없다. 모여서 이루어진 것은 반드시 흩어진다. 게으르지 말고 열심히 정진하라"

마지막 유훈을 남기고 기원전 544년 2월 보름밤, 세수 80 법랍 45 안거로 인류의 스승 붓다는 열반에 드셨다. 짧지만 명료한 말씀으로 법등의 불을 환히 밝히고, 세상의 눈 그 눈은 장엄하지만 평안하게 스르르 감겼다.

며칠 전, 신문을 읽다가 눈에 띄는 책을 발견했다. 대현大玄스님의 유고집《아름답게 가는 길》이다. 새로운 시작보다는 하나둘 정리하며 매듭을 지어야 할 나이, 제목이 우선 나의 눈에 들었다. '병마와 싸우는 대신 비우고 또 비우는 단식 수행으로 열반의 길을 스스로 선택하시다'라는 표지의 글귀도 마음을 흔들었다.

지리산 정각사에서 지내던 스님은 단식 수행을 시작한 지 29일 만인 2021년 9월 22일, 홀로 고요히 입적했다. 죽음을 준비하면서 부처님의 마지막 발자취《대반열반경》을 새로 읽으며 붓다의 생애와 가르침을 글로 정리했다. 그 작업을 마치면서 스님의 생명도 잿불이 사그라지듯 조용히 잦아들었다.

스물두 살에 출가하여 오직 수행만으로 일관하신 스님은 50안거를 성만할 정도로 올곧은 수행자였다. 만성폐렴을 진단받은 스님은 이제 겨우 세수 75세였지만, 어떻게 해야 아름다운 마무리를 할 수 있을지 고심한다. 병원에 실려 가 기약 없이 병상에 누워 죽지도 살지도 못하는 시간을 보낼 순 없었다. 꺼져가는 목숨에 호흡기를 들이대며 억지로 붙들린 채, 혼수 속에서 떠날 수는 없었던 것이다. 그리되면 자신의 고통은 내버려두더라도 주변사람들의 시달림을 또 어찌 볼 것인가.

"이 세상 올 때는 비록 오는 줄 모르고 왔지만, 갈 때는 알아차림으로 가는 줄 알고 가고 싶다. 올 때는 울면서 왔지만, 갈 때는 웃으면서 가고 싶다."

마지막까지 수행자다운 의지를 내보인 스님의 속다짐은 바위처럼 단단했다.

"아프면 죽어야 합니다. 우리는 치료받을 필요가 없어요. 우리가 출가한 이유는 죽음을 준비하기 위해서입니다. 나 스스로 앉아 있을 수 있을 때까지만 살고 싶어요. 수도승은 평생을 수행하며 인내심을 키우고 그 수행대로 끝맺는 것이 꿈이에요. 따라서 수행의 마지막 단계로 '살레카나(단식수행을 통한 죽음: 삼매사三昧死)'를 생각합니다. '살레카나'는 늙고 병들어 일상생활조차 힘들 때 차츰차츰 물과 음식을 끊는 겁니다. 이 의식을 통해 수도승은 평정한 마음 상태로 죽음을 맞이하게 됩니다."

  책을 읽는 내내 치료를 거부하고 죽음과 결연히 맞서는 자이나교 수도승의 말이 내 귀를 떠나지 않았다.

  건강하고 오래 살고 싶은 건 인간의 보편적 욕망이다. 한 걸음 더 나가 품위 있고 평화롭게 생을 마감하는 것도 간절한 소망 중 하나다. 하지만 요즘은 자기 뜻대로 죽기도 어려운 세상이다. 고도화된 첨단의학기술은 멎은 심장도 다시 뛰게 하고 목과 위를 뚫어 음식을 공급하며 허물어져 가는 생명을 갈고리에 걸어 매달아 놓는다.

  요양원에는 초점 없는 눈으로 침대에 붙박이가 된 채, 끼니때마다 죽 한술 얻어먹고 그보다도 많은 약을 삼킨 후, 진종일 링거를 맞는 노인들로 넘쳐난다. 여기저기 푸르딩딩 멍들은 팔뚝이 애처롭다. 결국은 질 수밖에 없는 싸움 앞에서 감아쥔 생명의 끈을 놓지 못해 허둥대는 몸부림이 딱하기 그지없다.

이 시대는 생을 마치며 그 완성을 위한 자연스러운 임종, 잘 준비된 무르익은 죽음은 기대조차 어려운 일일까. 자기가 살던 익숙한 공간에서 가족들의 따뜻한 애도 속에 이승을 떠날 수는 정녕 없단 말인가. 마지막 숨이 끊어질 때까지 온갖 줄과 호스에 매달려 악착같이 치료 당하며 표현조차 못할 고통 속에서 끝내 시달리다 내몰리는 죽음을 강요받고 있는 것은 아닐지.

단식수행 22일째.
2021년 9월 15일. 체중 27.3kg. 몸 움직이기가 힘들다. 천근만근 몸이 무겁다. 소변보기도 힘들고, 체중 달기도 힘들다. 숨을 고르고 고요히 누워 있으면 맥박은 감지되지 않고, 심장 박동도 멈춘 듯하다. 숨도 멈출 듯하지만 가느다란 생명의 박동 소리는 이어진다. "이대로 멈추었으면 감사하겠습니다." 간절히 기도하는 마음이 된다.

원적에 들기 7일 전, 스님이 마지막 남긴 글이다. 스님의 글은 더 이어지지 않았다. 갈비뼈가 다 드러난, 겨울 나목 같은 모습은 영락없이 부처님의 고행상이었다고 지켜본 사람들이 젖은 목소리로 전했다.

 단식으로 점차 줄어드는 자신의 육신과 몸을 떠나는 영혼의 마지막 순간을 투명한 의식으로 지켜봤던 마무리, 욕망과 번뇌를 소멸시켜 영혼의 자유를 얻은 현자賢者의 죽음을 떠올리며 자꾸 늘어나는 내 영혼과 육신의 무게가 태산처럼 나를 짓누른다.

 스님의 열반송 마지막 구절[白雲靑山空來去]에는 어떤 집착도 보이지 않는다. 인연 따라 청산에 머물다가 아무런 무게도 지니지 않고 무심히 떠나는 백운처럼 우리 곁에 왔다 가신 스님의 죽음, 거기에는 적멸 속으로 홀홀히 떠난 부처님의 여법한 모습이 겹쳐진다.

 마지막 가는 길마저 '죽음은 삶의 끝이 아니라 삶의 완성'이라고 묵식안 지혜를 일러주신 스님의 영전에 삼가 옷깃을 여미며 두 손을 모은다.

* 이 글의 제목인 '백운이 청산에 공연히 왔다가네'는 대현스님의 열반송 마지막 구절에서 가져옴

아난阿難, 고개를 끄덕이다

오늘 하루 동안 있었던 일이다.
오전 11시, 어머니의 진료가 예약되어 있었다. 지난해 말 심장에 탈이나 시술을 받은 후 3개월에 한 번씩 병원에 가는 날이다. 시간 맞춰 모시러 가겠노라 연락을 드리고 막 신문을 펴들고 앉았을 때다. 아들 녀석이 달뜬 목소리로 전화를 했다. 제 처가 아이를 가졌다는 거였다. 이태 전 결혼한 아들 부부는 임신을 미뤄왔다. 아이소식을 기다리는 부모님을 뵐 때마다 핑곗거리가 궁했던 난 적이 안심이 됐다. 거듭 축하를 했다. 새 생명의 탄생, 얼마나 경이롭고 기쁜 일인가. 하지만 꼼짝없이 할아버지가 된다는 생각에 시간의 덧없음이 훅하니 다가섰다. 아들이 태어나던 날, 허둥대던 기억이 엊그저께 같은데 어느덧 그 녀석이 아비가 된다니 속절없는 세월이 무심하다. 어쩌겠는가. 요즘 들어 거울 속에 비친 내 얼굴이 영 낯설고 생판 딴 사람인 것을.

들뜬 마음을 가라앉히며 어머니를 모시고 병원을 찾았다. 대형병원의 진료는 매번 곤혹스럽다. 여기저기 들를 곳이 많아 얼떨떨하다. 아침식사를 거른 채 채혈과 방사선촬영을 마치고, 검사결과가 나올 때까지 맥없이 기다리다 의사를 만나야 했다. 바깥 음식을 싫어하는 어머니는 꼬박 두 끼를 굶어선지 기진맥진 자꾸 까라지셨다. 높은 연세 탓이리라. 처방해준 약을 꼬박꼬박 먹지만 진료 때마다 우려 깊은 소리가 늘어만 간다. 간간이 휘젓는 통증이나 잡았으면 좋으련만 그마저도 속수무책이다. 나이 들어 겪는 병마의 고통이 얼마나 사람을 옥죄는지 잔뜩 옴츠린 어머니의 등을 보며 아프게 절감한다.

집에 돌아와 늦은 점심을 먹고 있었다. 전화벨이 울리며 친척 아주머니의 부고 소식이 전해졌다. 인생 참 허망하다. 남매를 둔 채 일찍 혼자된 고인은 평생토록 시장에서 노점을 하며 시난고난 자식들을 길렀다. 어찌 만만한 삶이었겠는가. 바짝 휜 허리와 주름투성이 얼굴에 맵찬 삶의 흔적이 상처처럼 새겨진 분이다. 이처럼 박복한 삶마저 운명은 가만 두지 않았다. 몇 해

전이었던가. 교통사고로 아들을 앞세운 후 치매를 앓다 오늘에서야 고단한 생을 마친 거였다. 무슨 미련이 그토록 많았을까. 대소변을 받아내면서도 서너 해 동안 거머쥔 생을 놓지 못해 애를 쓰셨다. 서둘러 문상을 다녀왔다. 한 번 왔다 가는 길, 무연히 상청을 지키는 가족들의 표정엔 애틋함과 함께 안도감도 섞여 있었다.

분주했던 하루해가 저물었다. 생·로·병·사. 인생 파노라마가 영화 장면처럼 펼쳐졌던 날이다. 세상 어디에 변하지 않는 것이 있으랴. 삶이란 걷잡지 못할 변화에 쉼 없이 꺼둘리다 어느 날 돌연 문을 닫고 만다는 사실이 생생했던 하루였다. 내일도 모레도 뒤엉켜 흐르는 이 소용돌이는 그칠 줄 모를 것이다.

불현듯 책에서 읽었던 이야기 하나가 떠올랐다. 부처님과 제자 아난의 대화다.

어느 날 성안으로 탁발을 다녀온 아난이 부처님께 말했다.

"제가 오늘 탁발을 나갔다가 참으로 기이한 현상을 보았습니다."

잠자코 듣고 있던 부처님은 '무엇이냐'고 물었다.

"성안으로 들어가는데, 성문 앞에서 한 떼의 풍각쟁이들이 춤추고 노래하며 신명나게 놀고 있은 모습을 보았습니다."

"그런데?"라고 묻는 부처님에게 그는 말을 이었다.

"탁발을 마치고 나오면서 보니, 모두 죽어 있었습니다. 기이한 일이지 않습니까?"

부처님은 나직한 목소리로 말을 받았다.

"나는 어제 그보다 더욱 기이한 일을 보았노라."

"무슨 일이었는지요?"

아난이 여쭈었다.

"어제 성안으로 탁발을 하러 들어가는데, 풍각쟁이들이 성문 앞에서 춤추고 노래하며 신명나게 놀고 있더구나."

"그런데요?"

아난이 부처님께 물었다.

"탁발을 마치고 나오면서 보니, 여전히 신나게 놀고 있었느니라."

"예?"

아난은 놀라 되묻고는 의아한 표정을 지었다. 그리고는 한참 후, 고개를 끄덕였다.

모든 생명과 우주의 진리는 생겨나서 머무르다 변하고 소멸 [生住異滅]하는 순환반복이거늘, 무엇이 진정 기이한 일인지를 부처님께서는 이 대화를 통해 우리 모두를 흔들어 깨우셨던 것이다. 영문도 모른 채 이 세상에 와서 살다가 늙고 병들어 죽는 게 우리들이다. 삼라만상, 그 어떤 존재도 변하지 않고 고정되어 있는 실체는 없는 것이다.

"저 꽃이 보이십니까? 저 산이 보이십니까? 보여도 모든 게 다 꿈입니다."

어느 스님이 스스로 묻고 혼자 답했다는 이 말. 나도 홀연 흉내를 내보지만, 한없이 수수롭다.

봄이다. 온갖 꽃들이 지천이다. 피었으니 지고 맺혔으니 떨어지리라. 어떤 것인들 그냥 그대로 있을 수 있단 말인가. 한철이 또 지나고 있다.

죽음, 삶을 가르치다

 티베트 명상법에 관한 책을 보다가 우연히 '일처다부제一妻多夫制'란 단어가 눈에 들어왔다. 아직도 세상에 이런 제도가 있다니, 호기심에 유튜브 채널을 뒤져 관련자료 몇 개를 찾아보았다. 그 중, 1997년 KBS에서 방영했던 '일처다부제의 전통, 인도 록파족'은 내게 낯선 문화에 대한 생경함을 안겨주었다.
 인도의 수도 델리에서 자동차로 꼬박 나흘을 달려 찾아간 인도 서북부 히말라야. 자동차 길로는 세계에서 두 번째로 높다는 해발 5,360m의 타그랑고개. 지대가 너무 높아 아무것도 자라지 않는 갈색의 민둥산이 아득하게 이어졌다. 산소가 적어 보통 사람은 숨쉬기조차 힘든 언덕 너머엔 2,000년 동안 이곳을 지켜온 록파족이 살고 있다. 구름마저도 험준한 히말라야를 넘지 못해 거의 비가 내리지 않는 곳이다. 영하 40도의 맵찬 날씨를 견디도록 집은 돌로 쌓았는데, 록파족은 겨울철인 10월에서 3월까지만 이곳에서 생활한다. 나머지 반년은 보름에 한 번씩 자그마치 열두 번이나 가축들을 몰고 풀을 찾아 여기저기 떠돈다.

척박한 환경에 적응하며 살아가는 그들, 의식주 모두가 열악하기 짝이 없다. 백여 마리의 양과 염소에 한 가족의 생계가 매달린 그들에게 혼인으로 인한 형제들의 재산 분할이 불가능하자 일처형제혼 등 일처다부제가 만들어졌다는 내용이다. 생존을 위해 그들이 선택한 궁여지책이었다. 하지만 나는 그곳의 특이한 결혼풍습보다는 어느 노인의 죽음 의식과 거기에 깃든 그들의 생사관에 더 큰 관심이 쏠렸다.

3월 말, 봄이 되면 그들은 가축의 방목을 위해 겨울을 보낸 돌집을 나선다. 처음 자리 잡은 곳에서 보름 남짓 머물면 풀이 바닥나 새로운 곳을 찾아 다시 길을 떠난다.

남자들은 이삿짐을 싸고 여자는 가는 도중 먹을 음식을 마련하는데 시아버지인 일흔여덟 살의 노인은 성치 못한 몸을 지팡이에 의지한 채, 시무룩하다. 물이 있는 다음 정착지까지는 대략 40에서 80km. 움직임이 더딘 고산지대에서 사흘을 꼬박 걸어야 한다. 하지만 팔순을 바라보는 노인은 오늘 가족과 함께 떠나지 않는다. 이젠 너무 늙어 며칠씩 걷기에는 힘에 부치기 때문이다. 세월을 이길 수 없다는 것은 누구에게나 공평한 자연의 순리. 자식들은 노인을 위해 혼자 지낼 텐트와 두툼한 옷을 준비한다. 버터차와 밀가루빵 등 한 달 치 식량을 남겨 두고 떠나는데 다시 돌아왔을 때 노인이 살아 있으면, 또 한 달 치를 마련해 준다고 한다. 그러나 결코 한 달을 넘겨 살 수 있는 환경은 아니었다.

 이 고독한 죽음 의식은 노인과 가족 간의 타협이 아니다. 힘든 이동을 거듭해야 하는 고산지대의 오랜 풍습으로 노인 스스로의 결정과 가족들의 수긍이 만든 고립이고 헤어짐이다. 손자에게 마지막 차를 대접받는 노인은 착잡한 표정을 짓고 아들과 손자는 울음을 삼킨다. 정든 사람과의 이별을 두고 열여덟 살의 손자가 끝내 울음을 터뜨리자 쉰두 살의 아들도 걸음이 휘청거린다. 새로운 생을 받기 위해 몸을 바꾸는 것이니 슬퍼하지 않는다는 그들의 극진한 신앙도 이 순간엔 힘을 발휘하지 못한다.

 긴 인연에 비해 짧은 이별, 노인은 모든 걸 마음으로 받아들인다. 심경을 묻는 기자에게 예사롭게 말한다.

"나도 27년 전에 아버지를 이렇게 했다. 자식들을 탓하지 않는다. 행복하기만 빌 뿐이다."

노인은 담담히 마니차를 돌리며 허공을 바라본다.

그들에게 죽음은 두려움이나 절망이 아니다. 삶의 끝자락에서 걸려 넘어지는 문턱이 아니라, 이번 생과 맞닿은 또 다른 삶으로 건너가기 위한 매듭이고 통로다. 늙고 병든 몸에서 벗어나 스스로 평온을 찾아가는 구도의 길이고 일상의 수행이 일러준 혼자만의 여행이다. 눈 맑은 그들에겐 저 히말라야 정상을 향해 천천히 걸어가는 신성한 발걸음인 것이다.

가축들을 앞세우고 멀어져 가는 자식들의 뒷모습을 바라보며 노인은 자리에 눕는다. 무거운 정적이 내려앉는다. 몸을 티베트 말로 '루'라고 하는데 이 말은 '두고 가는 것'이라는 뜻이다. 거대한 자연의 품안에서 신에 대한 겸손을 배워왔을 노인, 원망이나 미련 없이 죽음을 받아들인 그의 영혼은 몸뚱이를 남겨둔 채 이제 어디로 떠날 것인가. 이마 위로 테 굵은 안경이 벗겨지고 손톱 밑이 까만 그의 손이 맥없이 바닥으로 떨어진다.

죽음의 이유는 수도 없이 많지만, 근본적인 까닭은 단 하나, 태어났기 때문이다. 태어났기 때문에 죽을 수밖에 없다. 처음 왔던 그대로 다시 돌아가는 길, 그 길을 히말라야는 지그시 바라보고 있다. 대자연으로 돌아가 그 속에서 하나가 되는 시간이다. '죽음은 태어남을 뒤쫓고 태어남은 죽음을 뒤쫓아 그것은 끝이 없다'고 그들의 경전 《티베트 사자의 서》는 말하고 있다. 봄이 오고 여름이 오듯이 죽은 자는 무엇으로든 반드시 세상에 다시 온다는 믿음으로 모든 욕망과 집착을 내려놓는 사람들, 죽음의 하늘길을 열기 위해 그것과 홀로 마주하는 비감한 모습이 차라리 숭고하다.

이들은 평생 떠남에 익숙하다. 헤어짐도 마찬가지다. 생명이 남아있는 부모를 저승으로 보내는 것도 이승의 인연으로 받아들인다. 지상의 거인 히말라야의 가혹한 자연과 이천 년 세월을 함께 살아온 사람들. 어쩌면 그 덕에 어느 문명보다 자연에 가까운 전통을 배우고 이어왔는지 모른다.

'죽음을 배우라. 그래야만 삶을 배울 것이다.' 설산 골짜기를 타고 내려온 돌풍 한 자락이 하늘의 소리를 전하며 칠흑 같은 벌판을 짐승처럼 내닫는다.

비둘기의 무게

 짐짝처럼 철제 우리 속에 갇혀 공포에 떨고 있는 개들의 눈빛. 도살에 사용된 화염방사기와 전기꼬챙이들로 주변이 어지럽다. 방금 전까지 꼬챙이로 입과 귀를 찔러 무자비하게 도축한 흔적이 여기저기 흩어져 있다. 경기도 평택의 어느 개 사육 농장의 모습이다. 입에서 피를 흘리며 널브러져 있는 개들이 뒤엉켜 있다.
 이태리에서는 다리가 묶인 채 산 채로 털을 뜯기는 거위가 있다. 소리 내지 못하게 부리를 꽉 잡고 목에서부터 가슴과 겨드랑이의 보드라운 털을 뜯어낸다. 고가의 구스다운 패딩 점퍼를 만들기 위해서다. 거위는 생후 10주부터 6주 간격으로 일생

동안 열다섯 차례나 털이 뽑힌다. 털을 뽑다가 살점이 뜯겨 피가 나면 그 자리에서 생살을 바늘과 실로 꿰매가며 작업을 계속한다. 잊을 만하면 일정 간격으로 반복되는 고통. 게다가 매끈한 모질毛質을 위해 부작용이 있는 호르몬 주사를 수시로 찔러댄다. 극심한 고통과 스트레스를 견디지 못하고 죽으면 그때서야 식용으로 팔려나간다. 살아있는 자체가 지옥인 끔찍한 현실이다. 털뿐만이 아니다. 토끼, 밍크, 너구리, 친칠라 등은 산 채로 가죽이 벗겨지는 수난을 겪기도 한다.

중국 난징의 한 불법 도축장에선 소의 코에 고무호스를 꽂아 물을 집어넣는다. 12시간 동안 몇 차례에 걸쳐 60kg의 물이 주입된다. 온몸이 퉁퉁 부은 소들은 견디지 못하고 쓰러진다. 카메라에 잡힌 소의 눈에선 주르륵 눈물이 흘렀다. 고기로 팔리는 소의 중량을 늘려 판매가를 높이기 위해서다.

아시아 몇몇 나라에서는 출산 직전의 어미 양을 잡아 숯불에 굽는다. 어미의 몸통이 완전히 구워지면 배를 갈라 그 속에서 익혀진 새끼 양을 꺼내 먹는다. 살이 촉촉하고 야들야들해서 찾는 사람이 줄을 선다니 기가 막힌다.

프랑스에선 '오르톨랑(멧새의 일종)'이라는 새 요리가 있다. 최근에는 동물학대 논란과 멸종 위기에 몰려 손쉽게 먹지 못한다지만 한 마리에 20만 원이 넘게 암암리에 거래된다고 한다.

'프랑스의 영혼을 구현한 맛'이라고 찬사를 받는 이 요리는 오르톨랑의 눈알을 뽑은 채 어둡고 작은 공간에 21일 동안 움직이지 못하게 가둔다. 그리고 수수와 무화과, 포도 등을 먹여 원래 크기의 세 배가 될 때까지 살을 찌운 후, 고급 사과브랜디에 담가 익사시킨다. 그리고 머리부터 발끝까지 통째로 구워 뼈까지 오도독 씹어 먹는데 폐나 위가 터질 때 익사 시 들어간 브랜디가 흘러나오며 느껴지는 달콤함이 가히 천상의 맛이라고 한다. 이 기상천외의 요리를 먹을 때 신이 알면 천벌을 받을까 무서워서 하얀 냅킨을 머리에 뒤집어쓴다니 마지막 양심은 남아 있다는 건지 어처구니가 없다.

인간은 과연 어디까지 잔인할 수 있을까. 우리를 위해 고통 속에서 하찮게 죽어가는 개나 거위, 소나 양에 대한 인간의 끝없는 욕망과 탐욕에 몸서리가 쳐진다.

붓다의 전생 이야기를 모은 불교 설화집《육도집경六度集經》에는 다음과 같은 이야기가 전한다.

'시비尸毘'라는 이름의 지혜롭고 자비로운 왕이 있었다. 하루는 사나운 매에게 쫓긴 비둘기 한 마리가 황급히 왕의 품안으로 숨어들었다. 실은 시비왕의 지혜와 자비를 시험해 보려고 제석천과 비수갈마 천신天神이 각각 매와 비둘기로 변신한 거였다.

 매가 비둘기를 내놓으라고 하자 왕은 '나는 일체중생을 제도 코자 서원했기 때문에 비둘기를 돌려 줄 수 없다'고 답한다. 그러자 매는 자기 또한 중생이 아니냐며 그걸 먹지 못하면 굶어 죽을 수밖에 없으니 비둘기를 달라고 간청한다.

 난감해진 왕은 비둘기 대신 자신의 살을 떼어주겠다고 하자, 매는 저 비둘기와 똑같은 무게의 살을 베어달라고 요구한다. 왕은 한 치의 망설임 없이 비둘기 무게만큼의 허벅지 살을 잘라 저울에 올려놓았다. 하지만 저울의 눈금은 비둘기 쪽으로 기울어진 채 꼼짝하지 않았다. 급기야 자신의 양팔과 다리 그리고 엉덩이 살까지 베어 올려놓았건만 여전히 비둘기의 무게가 더 나갔다. 마침내 왕은 저울 위에 올라서며 자신의 몸 전부를 보시하겠다고 말하자 그때서야 무게의 균형이 맞았다.

 물론 설화의 마무리는 해피엔딩이다. 제석천이 왕의 희생을 찬탄하자 시비왕의 몸은 이전으로 돌아갔다. 이 사람이 바로 석가세존의 전생인물로, 왕이 중생을 위해 신명身命을 아끼지 않았음을 강조한 유명한 이야기다.

 짧지만 이 오롯한 일화 속에서 우리가 눈여겨봐야 할 것은 비둘기와 시비왕의 무게다. 어찌 작은 비둘기와 사람의 중량이 같을 수 있겠냐마는 왕이 스스로를 저울에 올려놓자 눈금이

평형을 이루었다는 것은 사람이든 비둘기든 생명의 무게는 모두 다 같다는 의미를 함축하고 있는 대목이다.

결국 평소에 생명을 존중하고 보살행을 실천했던 시비왕마저도 자신과 비둘기를 차별하고 누구에게나 하나밖에 없는 생명의 동등성을 깨닫지 못했던 것이다. 그저 자신의 신체 일부를 떼어주는 것으로 비둘기의 생명을 구할 수 있다는 잘못된 소견을 깨닫고 난 뒤에야 비로소 정각을 향해 한걸음 더 나갈 수 있는 자기희생을 결심할 수 있었다. 모든 생명체의 목숨은 차별 없이 대등하고 소중하다는 시비왕의 알아차림은, 매사 인간을 중심으로 생명의 경중을 따지는 우리들에게 따끔한 일침을 가한다.

"모든 생명은 채찍을 두려워한다. 모든 생명은 살기를 소망한다. 자기 생명에 이것을 견주어 남을 죽이거나 죽게 하지 말라."

《법구경》의 말씀이다. 생명은 그것을 보듬는 자의 것이어야지 파괴하는 자의 몫이 되어서는 안 된다는 자비의 가르침. 붓다의 미간백호眉間白毫처럼 현재를 살고 있는 우리들에게 밝고 또렷한 빛으로 남아 있어야 한다.

꿈속에서 또 꿈을

날이 흐렸다. 역을 빠져나오자 원인모를 불안감이 스쳤다. 긴장 탓일까? 가슴이 두근거리고 입이 말랐다. 큰길 건너편에 찻집이 보인다. 역 광장을 가로질러 횡단보도 앞에 섰다. 불현듯 뒷주머니가 허전했다. 손으로 지갑을 확인하자 감쪽같이 사라진 채 헐렁했다. 기차에서 내릴 때, 누군가가 두어 번 밀쳤던 생각이 떠오른다. 경찰에 신고를 할까 망설였지만 시간이 촉박해 그럴 수가 없었다. 지갑보다 더 큰일은 그 속에 넣어두었던 자료가 담긴 USB였다. 난감한 생각에 정신마저 아뜩했다.

달포 전 강의 요청이 있어 오늘 이곳에 내려왔다. 꼭 하고 싶었던 강의라 설렘과 함께 준비를 꼼꼼히 했다. 수강신청자가 오십 명이 넘는다고 들었다. 한 시간도 채 남지 않았다. 어쨌든 이 난국을 수습해야 한다. 부리나케 찻집에 앉아 노트북을 열었다. 한 달 이상 공들여 만든 자료가 지갑과 함께 날아갔으니 유일한 희망이 노트북에 남아있는 자료였다. 하지만 어찌된 영문인지 흔적도 없이 사라졌다. 허둥대며 찾고 또 찾았다. 손이 떨렸다. 분명 바탕화면에 있는 것을 기차 속에서도 확인했건만 거짓말처럼 없어지다니 환장할 노릇이다. 머릿속이 하얘졌다. PPT 자료 없이는 시작조차 할 수 없는 강의였다. 시간은 바작바작 다가오는데 어떤 방법도 떠오르지 않았다. 그런데 더 기막힌 일이 벌어졌다. 건장한 사내 둘이 내게 다가왔다. 그리곤 노트북을 빼앗으며 거친 목소리로 범죄 증거물로 압수를 하겠다는 것이다. 대체 이건 또 무슨 소리란 말인가? 황당한 나는 고함을 질렀지만, 말이 되지 못하고 신음소리만 입안에서 맴돌았다.

"으으으 으으음!"

몸까지 비틀며 노트북을 잡으려 두 손을 버둥거렸다.

"아니, 왜 이래요. 무슨 꿈을 이리 험하게 꾸고 그래요."

아내는 내 어깨를 흔들어 깨웠다. 눈을 떴다. 온몸이 땀으로 흥건했다. 천만다행 꿈이었다. 얼마나 입술을 깨물며 애를 썼는지 입가엔 피가 묻어 있었다. 뛰다 죽을 만큼 갑갑하고 고통

스러웠던 상황이 꿈에서 깨는 순간 일시에 사라졌다. 천신만고, 지옥으로부터의 귀환이다. 맥이 풀려 꼼짝할 수 없었지만 누워서도 수없이 가슴을 쓸어내렸다.

불교 경전에는 설화를 통해 비유적으로 의미를 전달하는 경우가 많다. '안수정등岸樹井藤'도 그중 하나다.

어느 사형수가 탈옥을 하여 벌판을 지나고 있었다. 갑자기 거센 불길이 일어 사방이 화염에 휩싸였다. 하필이면 그때 사나운 코끼리 한 마리가 그를 향해 달려들었다. 코끼리를 피해 도망을 가다가 우물을 발견했다. 마침 등나무 넝쿨이 그 우물 안으로 드리워져 있었다. 급한 김에 그걸 붙잡고 우물 속으로 내려갔다. 그런데 우물 바닥에는 독룡毒龍 세 마리가 입을 벌린 채 고개를 쳐들고, 사방에는 네 마리의 뱀이 혀를 날름댔다. 올려다보니 성난 코끼리가 그를 노려보고 있었다. 그런데 이를 어쩌랴. 넝쿨을 잡은 팔은 기력을 다해 가는데, 설상가상 넝쿨 윗부분을 흰쥐와 검은 쥐가 번갈아 갉아대는 것이다. 이 절체절명의 순간에 어디선가 달콤한 꿀 한 방울이 얼굴에 떨어졌다. 나무 위에 매달린 벌집에서 꿀이 한 방울씩 떨어지고 있었다. 허기와 갈증에 시달리던 그는 방금까지의 상황은 까맣게 잊어버린 채, 떨어지는 꿀을 정신없이 받아먹고 있었다.

이 이야기는 생사고해에서 허덕이는 중생의 삶을 빗댄 것이다. 들판에 번지는 화염은 살면서 치솟는 욕망과 번뇌의 불길[欲火]을 의미한다. 코끼리는 언제라도 닥칠 수 있는 죽음의 그림자로 무상無常을 비유한 것이다. 등나무 넝쿨은 목숨이다. 이 목숨을 해와 달을 상징하는 두 마리의 쥐가 잠시도 쉬지 않고 갉아먹고 있다. 우물은 우리가 안전하다고 착각하고 의지하는 세속의 권력, 돈, 인간관계 등이며 세 마리의 독룡은 탐진치貪瞋癡 삼독三毒을 가리킨다. 네 마리의 뱀은 우리의 몸을 구성하는 지·수·화·풍 사대四大를 일컫고 꿀은 감각적 쾌락, 즉 오욕락五欲樂을 뜻하는 것이다. 인간이 삼독에 빠져 무상을 깨닫지 못하고, 다가오는 죽음 앞에서도 꿀 한 방울에 목숨을 거는 아둔함을 지적한 유명한 이야기다.

암울했던 일제 치하였다. 만공, 혜월, 고봉 등 당대 내로라하는 선지식들이 모여 공부를 하고 있었다. 어느 날, 방장인 용성龍城스님께서 이 '안수정등' 설화를 들춰내어 물었다.

"등나무 넝쿨에 매달려 꿀을 받아먹는데 정신이 팔린 이 사람이 어떻게 하면 살아날 수 있겠는가? 올라갈 수도 없고, 머무를 수도 없으며, 내려갈 수도 없는 여기에서 어떻게 하면 뛰쳐나와 생사 해탈을 할 수 있겠는가? 한 마디씩 일러 보라."

실로 난감한 질문이다. 우물 속에 놓인 현재의 처지에서 생각을 시작한다면 빠져나갈 구멍이 전혀 없다. 이야기 자체가 옴짝달싹 못할 상황을 전제로 설정됐기 때문이다. 방법은 생각의 틀을 바꾸는 수밖에 다른 도리가 없는 것이다.

잠시 침묵이 흐르고 난 뒤다.

"모든 게 꿈입니다. 꿈이라는 걸 알고 속히 깨어나야 살 것입니다."

만공이 대답했다. 인생이 한낱 헛된 꿈인 걸 깨닫게 된다면 그게 바로 불법이요, 부처가 아니던가.

한 생각 돌이켜서 눈을 뜨면 모든 것이 해결된다. 그야말로 한 번 뛰어서 여래의 경지에 들어가는 일초직입여래지一超直入如來地다. 진짜 불교는 이렇듯 한 방에 끝나야 한다. 길고 너절한 건 모두가 속임수고 거품이고 수단이다. 주변이 어둡다고 투덜대지 말고 등을 켜면 순식간에 구석구석 환해지거늘, 미망의 꿈속을 헤매며 어둡다고, 힘들다고, 아프다고 허우적거리는 것은 아닐지.

아내가 깨워서 눈은 떴으나 온몸이 느른하다. 천천히 일어나 책상 위를 바라보았다. 노트북이 제자리에 놓여 있고, 그 위에 USB가 얌전히 올려져 있다. 아무 일도 일어나지 않았다. 그저 꿈속 일이 아찔하고 허망하다.

   때마침 괘종시계가 종을 친다. '꿈속에서 헤매지 말고, 삶 속에서 깨어 있으라.' 둔중한 소리로 나를 깨운다. 고개를 들어 바로 지금 여기의 시간을 확인한다. 이마저 또 꿈이 아닐까 두 눈을 부릅뜨며 마음을 다잡는다.

천천히 아주 천천히

몇 해 전부터 불교 명상을 해오고 있다. 명상원에서 가장 자주 듣는 말이 '나마스떼'와 '옴om'이다. '나마스떼'는 인도와 네팔의 인사말이고, '옴'은 '전지, 전능'의 뜻을 지닌 우주의 소리다. 우리는 모두 생성되고 변화하고 숨 쉬는 우주의 일부이기에 '오옴~~'이라는 소리를 내면 그 진동에 편승할 수 있다고 한다.

'옴'은 단독으로 호흡의 길이만큼 길게 발성하기도 하지만, '옴 샨티! 샨티! 샨티!'라는 예쁜 단어와 결합하여 만트라(진언 또는 주문)로 쓰이기도 한다. '샨티shanti'는 발음만큼이나 아름다운 뜻을 지니고 있다. 바로 '평화'라는 뜻이다. 그러니까 '옴 샨티'는 모두에게 평화를 소망하는 진언이고, 샨티를 세 번 읊는 이유는 몸과 마음과 영혼에 평화가 서리길 기원하기 위해서다. 더욱이 '샨티'라는 말속에는 '좋다'와 '행복'의 뜻도 포함되고, 놀랍게도 '천천히'라는 의미까지 함께 들어있다. 평화, 좋음, 행복이 '천천히'와 관련 있다는 이 단어는 매사 다그침이 일상이 된 우리에게 자신을 돌아보게 해준다.

　옛날 인디언들은 말을 타고 들판을 달리다가 가끔 멈춰 뒤를 돌아보곤 했다. 너무 앞만 보고 빨리 달려서, 영혼이 말을 탄 몸을 따라오지 못할까 봐 기다려주는 그들만의 의식이었다. 우리야말로 간간히 하던 일을 멈추고 생각보다 빨리 한 몸짓이 과연 옳고 좋은 것인지, 그리고 행복한 일인지 생각해 봐야 하지 않을까. 행복과 평화, 어찌 보면 조용한 기다림이 선행돼야 하는 결과물이다. 무엇이든 재촉하면 놓치기 쉽고, 닦달하면 빼먹기 일쑤다. 귀한 것을 얻기 위해선 천천히 기다리며 온 힘을 다해야 하는 것은 아닐지.

　한국인의 급한 성품은 이미 널리 알려진 사실이다. 한국식당에서 외국인들이 이해하지 못하는 장면 두 가지가 있다고 한다. 하나는 밥이 나오기 전에 반찬부터 먼저 먹는 것이고, 다른 하나는 신용카드로 계산할 때 음식점 주인이 손님 대신 후다닥 서명하는 모습이란다. 언제 어디서든 '빨리빨리'를 입에 달고 사는 우리의 민낯이라 얼굴이 화끈거린다.

연전에 미얀마를 여행한 적이 있다. 관광을 위해 버스가 목적지에 도착하기 전, 관광지 표지만 보여도 벌써 가방을 챙겨 서 있는 사람이 여럿이다. 여유를 즐기려 여행하면서도 조바심은 변함이 없다. 한국어를 모르는 버스 기사마저 어눌한 발음으로 '천천히요, 천천히'를 외치며 불안해하는 눈길이 못내 민망했다.

갓 출가한 제자가 스승께 여쭸다.
"스님, 제가 노력하면 얼마 만에 도를 이룰 수 있겠습니까?"
스승이 대답했다.
"한 3년쯤이면 될 게다"
성미 급한 제자가 다시 물었다.
"3년이라니요? 밤잠도 자지 않고 식사까지 줄여가며 노력하겠습니다. 그러면 얼마 만에 도를 이룰 수 있을까요?"
그러자 스승은 말했다.
"그렇다면 30년은 걸리겠구나."

하루아침에 이루어지는 일은 없다. 모든 일에는 시절 인연에 따른 순리가 있게 마련이다. 당장의 결과가 보이지 않는다고 본래 목표를 버려서도 안 되고, 빨리 결과를 보려고 애를 끓거나 무리수를 둬 목표 자체를 해치는 일은 더더욱 안 될 일이다. 스스로 노력하되 인내하며 순리를 쫓는 자세가 중요하다. 극단을 지양하고 중용의 도리를 견지하는 것이다. 늦는 듯 해도 먼저 이루어지는 것이 있고, 빠른 듯 해도 도리어 뒤처지는 일이 부지기수다.

《맹자孟子》에 "잊지는 않되, 억지로 도와주지도 말라勿忘, 勿助長"라는 구절이 있다. 중국 송나라 때 성미 급한 농부가 있었다. 그는 이른 봄부터 밭에 나와 부지런히 씨를 뿌렸다. 하지만 매일 봐도 곡식 싹이 자라는 것 같지 않았다. 농부는 안타까운 나머지 싹 한 포기를 위로 잡아당겼다. 싹의 키가 확실히 커 보였다. 이윽고 밭의 모든 싹을 다 잡아당기고는 집에 돌아와 가족들에게 자랑스레 말했다.

"오늘 내가 곡식이 잘 자라도록 도와주고 왔다."

놀란 아들이 날이 밝자마자 밭에 가보니 모든 싹이 시들거나 말라비틀어져 있었다. '바람직하지 않은 일을 부추긴다'는 뜻의 '조장助長'이란 단어가 여기서 유래했다. 성급히 뭔가를 이루려 하지 말고 지극한 마음으로 살피며 기다리는 것이 중요하다. 모든 공덕은 느긋하면서도 담담하고 서서히 지어갈 때 얻어지는 것이며, 흡족히 고이는 것이다. 오래 뜸을 들여야 차지고 감칠맛 도는 밥이 지어지듯 말이다.

그러나 이를 어쩌랴! 행동은 말처럼 쉽지 않은 걸.
어제저녁 일이다. 늦게 집에 돌아왔다. 이를 닦고 있을 때, 아내가 구청에서 온 우편물을 내게 건넸다. 칫솔을 입에 문 채 그걸 뜯었다. 한 손엔 칫솔이 또 다른 손엔 서류가 들린 채, 때마침 소변까지 보는 내 모습이 화장실 거울에 비쳤다. 서두는 것도 어지간해야지 이건 아니다. 한 박자만 늦춰도 이런 꼴은 아닐 텐데, 헛웃음이 났다. 습관이 되면 노력 없이도 된다지만, 머리로 아는 것을 몸이 따라주지 않으니 매양 허둥대며 길을 잃는다. 어처구니가 없다.
'천천히 아주 천천히'를 수시로 잊어버리는 나. 명상을 백날 한들, 무얼 내려놓고 어떻게 알아차린단 말인가. 아직 나에게 '샨티'는 아마득하다. 아둔한 나를 위해 나직이 읊조린다. 부디 내게 여유를, 기다림을, 그리고 평화를….
"옴, 샨티! 샨티! 샨티!"

돌에 새기면 오래 갑니다

어린 행자가 젊은 스님을 따라 법당에 들어갔다. 사방을 두리번거리던 행자는 느닷없이 부처님을 향해 침을 뱉었다. 놀란 스님이 행자를 보며 "당돌하다. 어찌 감히 부처님께 침을 뱉느냐?"고 나무랐다. 그러자 행자는 말했다.

"두두물물頭頭物物 처처불상處處佛像이라, 도처에 불상 아닌 곳이 없는데 부처님이 안 계신 곳을 일러주면 거기에다 침을 뱉겠습니다."

스님은 기가 막혀 아무 말도 할 수 없었다. '일체처一切處 일체시一切時 부처 아닌 것이 없다'고 했으니 행자의 말이 틀린 것은 아닐진대 순간 대응할 답변을 찾지 못해 아연했다.

당황한 스님이 노스님께 이 일을 고했다.

"쯧쯧, 이 사람아! 그럴 땐 그 행자의 얼굴에 침을 탁 뱉어줬어야지. 만약에 그 놈이 화를 내면 '행자 없는 곳을 알려주면 그곳에 침을 뱉겠다'고 따끔하게 꾸짖어 그 버르장머리를 고쳤어야 했느니라."

아직 채 공부가 익지 않은 제자를 딱한 듯 바라보며 노스님은 돌아앉았다. 그 분이 바로 당나라 위앙종潙仰宗을 개산開山한 위산영우潙山靈祐 선사다.

얼추 40년 전 일이다. 교직에 첫발을 내딛는 내게 어머니의 당부는 간곡했다.

"가르치는 학생들에게 '이것도 모르냐'고 몰아세우면 안 되네. 이것저것 모두 알면 왜 자네한테 와서 배우겠나? 누구에게든 따뜻하게 대해 눈 흘기는 사람이 없어야 할 것이야. 꼭 명심하면 좋겠네!"

어머니의 뜻이 도탑고 이치가 정연해 반드시 지키리라 속다짐했다. 하지만 불과 삼 년도 되지 않아 그 말씀을 저버리고 말았다.

교직 삼 년 차, 처음으로 3학년을 맡았을 때다. 당시 고3 국어교과서에는 출제 빈도가 높아 깊이 있게 다뤄야 할 글들이 몰려 있었다. 그중에서도 '훈민정음'이란 단원은 한글을 창제한 세종대왕의 어지御旨와 자·모음의 음가音價 및 운용법에 대한 어렵고 까다로운 내용이 가득했다. 다행히 한문본이 아니라 우리말로 언해한 것이지만, 15세기 고전문법에 대한 이해가 충분치 않으면 뜻을 해석하기도 힘들었다. 오죽하면 학생들이 '제3외국어'라 부르며 고개를 설레설레 내저었을까.

어느 날이다. 수업을 시작하자마자 복잡한 문법규칙을 설명했다. 칠판 가득 판서를 하고 갖가지 예를 들며 성심을 다했다. 학생들도 귀를 세우고 집중했다. 꼭 알아야 할 내용이기에 설명을 마치고 가르친 내용을 일일이 점검했다. 그런데 예기치 못한 일이 벌어졌다. 시원스레 답변하는 사람이 거의 없었다. 그들의 어정쩡한 태도가 못마땅했던 나는 그만 불쑥 화를 내고 말았다.

"야! 이 사람들아! 방금 가르쳤는데 이것도 몰라! 도대체 얼마나 더 얘기해야 알아듣는 거야? 돌멩이를 앉혀 놓고 가르쳐도 이보다는 낫겠다."

납득할 수 없다는 듯 속사포처럼 질책을 쏟아냈다. 어머니의 당부대로라면 몇 번이고 다시 설명했어야 옳았건만 얼결에 내뱉은 말은 되담을 수가 없었.

이때다. 민망한 듯 고개를 숙이고 있던 학생들 중 하나가 엉거주춤 일어서며 말했다.

"선생님! 죄송합니다. 근데 돌은 새기기는 어렵지만 일단 새겨놓으면 오래 갈 겁니다."

재치 있게 툭 던진 말 한마디에 교실은 웃음바다가 되었다. 싱긋 웃으며 자리에 앉는 그의 태도가 밉지 않아 나도 피식 웃고 말았지만, 그에게 대꾸할 적당한 말을 찾지 못해 끝내 더듬거렸다. 발끈한 새내기 선생을 에둘러 위로하는 여유와 슬기에 말문이 꽉 막혔던 거였다.

잘 가르쳤다는 것은 상대방이 제대로 알아들었을 경우에만 성립하는 말이다. 대다수의 학생들이 이해하지 못한 것은 바르게 가르쳤다고 볼 수 없다. 이제 겨우 교육의 첫 단추를 꿰던 햇병아리 시절, 돌이켜보면 설익은 강의에 목청만 높였던 게 분명했다. 열을 알아야 하나를 가르칠 수 있다고 한다. 허술하게 아는 것을 강의하면 듣는 사람은 어렵기 마련이다. 요령 없이 의욕만 앞세운 자신의 허물은 생각지 않고 '이것도 모르냐'고 돌까지 운운하며 을러댔으니 얄팍한 내 속내가 가당찮았다.

게다가 학생들과의 교감도 어설퍼 푼푼하게 던진 말도 퍼뜩 알아채지 못하고 쭈물댔으니 어수룩하기 그지없다. 당시 내가 좀 더 의연했더라면, '자네 말대로 돌에 새기면 오래 갈 테지. 하지만 여문 돌만 있는 게 아니라 푸석돌도 얼마나 많은가? 자신은 과연 어떤 돌인지 스스로 헤아려보게나'라고 짐짓 여유를 부리며 깔끔하게 한 수 일러주지 않았을까. 하지만 그때 내게는 돌을 앞에 놓고도 파고 새길 끌은커녕 망치도 없었다. 그저 데퉁맞은 신참교사의 열의만 들썽댔던 것이다.

불현듯 똑 부러진 행자 앞에서 속수무책 말문이 막힌 젊은 스님과 제자의 말을 감당하지 못해 우물대던 내 모습이 딱 겹친다. 무엇이 부족한지조차 몰라 칠칠찮았던 두 사람의 안쓰러운 모양새가 말이다.

'보이는 것은 보이지 않는 것의 드러남이고, 보이지 않는 것은 보이는 것의 깊이'라고 했다. 드러내 보일 것이 없는데 깊숙한 곳에 감춰둔 깊이가 어디 있었겠는가. 세월이 많이 흘렀음에도 되짚어 볼수록 얼굴이 화끈거린다. 다시금 큰 스승 어머니에게 깊이 고개 숙인다.

모든 건 순간일 뿐

"먼지에 그림을 그리는 이들이 있다. 캔버스는 먼지 쌓인 자동차나 창문이다. 도구 없이 손가락질 몇 번이면 파도가 치고 새가 난다. 시간이 지나면 비바람에 씻겨 흔적도 없이 사라진다. 거리 예술의 일종인 '더스트 아트Dust Art', 일명 먼지 예술이다. 미국·유럽 등 서구에선 작가들이 계속 느는 추세다."

며칠 전, 신문에서 읽은 기사다.

"먼지 예술은 내가 만든 것에 집착하지 않고, 항상 새로운 작품에 임하는, 불완전성을 받아들이는 게 중요하죠."

주로 먼지 낀 트럭에 그림을 그리는 러시아 작가 프로보이닉 ProBoyNick은 도통한 선사처럼 의연하게 자신의 그림을 설명한다. 모스크바에서 활동하는 그의 본명은 니키타 골루베프다. 독학으로 그림을 시작한 그는 실험예술을 좋아해 먼지 낀 사물의 표면에 그림을 그리기 시작했다.

"먼지는 어떨 때는 건조한데 어떨 때는 습하고, 또 어떨 땐 얼어 있기도 하다. 두께도 매번 다르다. 다음 작품을 완벽히 확신할 수 없다. 그래서 오히려 자유롭다. 수정이 불가능하고 디지털 작업처럼 되돌리기 버튼을 누를 수도 없다."

그는 먼지 예술만의 매력을 담담하게 털어놓았다. 내가 만든 것에 집착하지 않고 지나가는 것은 모두 무심히 보내야 한다는 '먼지 그림'의 특성이 앞날을 모른 채 잠시 머물다가는 우리네 인생과 많이 겹쳐 있다.

문득 푸른 하늘을 배경으로 핀 목련꽃을 생각한다. 연꽃을 빼닮은 송이마다 흠 하나 없이 완벽하다. 고고한 순백의 품격은 더없이 맑다. 다듬은 붓끝처럼 단정한 봉우리가 툭 터져 열리면 두툼한 질감의 꽃잎 여섯 장은 꾸밈새의 극치다. 포개진 채, 머금은 윤기가 반지르르하다. 이른 봄 자연은 목련 꽃송이로 공중에 기막힌 예술품을 만든다. 하지만 이틀은 온전히 버티는 걸까. 꼼꼼히 살피면 고작 하루 정도 그 황홀의 절정을 뽐내다 잠시간에 탄력을 잃고 사라질 채비를 한다. 숨막히는 순간은 찰나! 어느 틈에 생생함은 옅어지고 꺾긴 꽃잎은 검게 변하여 바닥에 나뒹군다. 갈 때는 가차없고 무참하다. 겨우 하루 하고 반나절을 위해 혹독한 겨울을 견뎠단 말인가. 아니 변화무쌍한 일 년을 기다렸단 말인가. 뒤끝 없이 사라지는 자연의 섭리가 낯설고 오묘하다.

젊어서 죽은 친구. 그가 보낸 낡은 엽서엔 '아름다운 것은 모두 짧아! 목련이 진다. 비감한 밤이야.' 메모하듯 흘려 쓴 간략한 글 중, '짧아'에만 밑줄이 서너 번 쳐져 있다. 서른도 살지 못한 친구는 무슨 맘으로 내게 이런 말을 전했을까. 이른 봄, 그를 보낸 화장장에는 하얀 목련이 뚝뚝 지고 있었다.

세상에 모든 것은 흐른다. 우주 만물은 시시각각으로 변화하여 한 모양으로 머물지 않는다. 모든 존재의 생 자체는 길지 않고 게다가 불확실을 향해 허청대며 걷는 길이 아닐까. 고정 불변, 그대로 있는 것은 없다. 생사생멸의 끝없는 반복이다. 시간도 공간도 없는 것이고 물질도 사실은 우리가 측정할 수 없이 허망한 것이다. 그래서 나라는 존재도 무상하고 미덥지 않다. 제법諸法이 공空이다. 존재는 '본래 없다'에서 시작하는 무상관無常觀에 입각한 것이다.

내가 없는데 대상이 어디 있으며, 그 대상의 지속이 무슨 의미가 있단 말인가. 마침내는 공으로 돌아가는 것. 생성의 즐거움도 소중하지만, 상실과 소멸의 아름다움도 절절하게 가슴속을 파고든다. 피었다 짐, 머물다 떠남, 생겼다 허물어짐, 모였다 사라지는 모든 것의 뒷모습은 처연한 고요와 아마득한 기다림이다. 지속의 아름다움이 은근하다면 찰나의 아름다움은 눈부시다. 짧은 순간 아름답기 때문에 아름다운 건 모두 짧다. 존재의 무상함이 육여六如와 다르지 않으니 꿈, 허깨비, 물거품, 그림자, 이슬, 번갯불 등과 무엇이 다르랴

모든 예술은 순간의 강렬한 인상, 어떻게든 그것을 포착하고 잡아두려는 몸부림에서 태어난다. 비가 온다. 목련꽃이 필 때면 어김없이 내리는 비다. 먼지 위에 그린 그림이 빗물에 씻기듯 추레하게 떨어진 목련의 낙화가 발에 밟힌다. 모든 것이 덧없다.

무엇을 붙잡아 두려고 하지 말 일이다. 붙잡아 두려고 하니 괴롭지 않은가! 내 생이 순간인데 붙잡아 둔들 무슨 소용이란 말인가. 먼지 위에 잠시 찍힌 점 하나, 그냥 그렇게 스러져 흩어지고 말 일이다.

3부
나로부터 비롯되나니

그냥 당할 수 있다

"퍽, 퍽."

두 번의 가격加擊은 끔찍하고 무참했다. 두 개의 보도블록이 인정사정없이 번갈아 그의 머리를 내려쳤다.

자정이 훨씬 넘은 후미진 골목, 희붐한 가로등 밑에서였다. 얼핏 나타났다 사라진 그림자, 삽시간에 달려든 두 사내의 손놀림이 일순 바람을 가르자 아뜩해지며 그 자리에 푹 고꾸라졌다. 띵하며 뜨끔했던 뒷머리가 욱신거린다. 지독한 동통이 머리 전체를 휘감다가 등줄기를 타고 발끝까지 뻗쳤다. 엎어진 채 바닥에 대고 있는 볼과 목 사이로 뜨끈하며 비릿한 액체가 흘러 번졌다. 거친 숨과 함께 뿜어져 나오는 술 냄새가 울컥 욕지기로 치받친다. 널브러진 사지가 오그라지며 경련을 일으켰다.

"아직 꿈틀대는데 한 대 더 깔까?"

짧은 머리가 급하게 물었다.

"헛소리 말고 뒷주머니나 잘 뒤져 봐, 새꺄!"

큰 덩치가 그의 윗도리에서 지갑을 꺼내 들며 낮은 소리로 말했다.

손에 쥐고 있던 핸드폰을 억지로 빼내 보도블록으로 짓마던 두 사내의 윤곽이 그가 기억하는 마지막 장면이었다. 까무룩 의식이 빠져나가며 정신을 잃고 만다.

술 마시고 귀가하다 터무니없이 당한 김 선생의 퍽치기 정황이다.

열흘 뒤다. 중환자실에서 일반병실로 옮겼지만, 머리 붕대와 목 깁스는 그대로다. 말도 못 하고 멀뚱히 쳐다보는 핏빛 눈동자는 아직도 혼이 절반은 나가 있었다. 현장 근처 주민의 신고가 아니었다면 꼼짝없이 죽었을 거라고, 긴박했던 상황을 설명하던 부인은 간간이 진저리 쳤다. 이해관계는커녕 평생 일면식도 없는 사람을 돈 몇 푼에 이처럼 무자비하게 해코지할 수 있는 거냐며 떨리는 목소리를 높였다.

문병을 마친 우리 일행은 근처 찻집으로 자리를 옮겼다. 그러고도 한참 동안 가해자의 잔인함을 신랄하게 성토했다. 그때였다. 그중 한 사람이 목청을 높였다.

"왜 그토록 늦은 시간에 좋은 길 놔두고 인적 뜸한 골목길을 택했는지 모르겠어. 아무리 지름길이라 해도 그 양반 무모함은 늘 겁이 없다니까. 당신들 같으면 그 시각에 굳이 그 길로 갔겠어? 안 그래?"

느닷없는 질문에 멍하니 그를 쳐다보고 있을 때, 또 다른 사람이 한술 더 떴다.

"그것보다 김 선생 술버릇이 더 큰 문제예요. 간단하게 1차로 끝내면 좀 좋아요. 꼭 2차 3차 차수를 늘리며 밤늦도록 사람들 진을 빼잖아요. 질긴 술버릇이 사고를 자초한 거예요. 몸도 가누지 못하고 비틀대니 이때다 싶어 노렸겠지요."

난 어이가 없었다. 왜 피해자인 그가 무모하고 겁 없는 원인 제공자가 되어 사건 책임의 한 자락을 떠안아야 하는지, 퉁퉁 부은 김 선생의 얼굴을 떠올리며 나는 버럭 화를 내고 말았다.

"자초라니, 대체 그게 무슨 말이요? 가해자의 결여된 도덕성과 악랄한 폭력성은 어디 가고, 마치 김 선생의 술버릇을 사건의 원인으로 몰아가는데, 그게 말이 되는 소리요?"

누구도 대드는 사람은 없었지만, 석연찮은 기분에 돌아오는 내내 떨떠름했다.

'공정한 세상 가설(just-world hypothesis)'이란 것이 있다. 사회 심리학자 멜빈 러너Melvin Lerner가 제창한 것으로, 어떤 사람이 예기치 못한 사고를 당했을 때 '세상은 공정하므로 피해자가 잘못하지 않았다면, 절대로 그런 일이 일어날 수 없다고 믿는 그릇된 신념'이 그 이론의 요지다. 이 가설에 따르면 '사람들은 이 세상을 선하고 공정하다고 믿고 싶어 한다'는 것이다. 여기서 말하는 공정한 세상이란 인과응보가 통하는 세상, 즉 선한 행동에는 보상이 주어지고 악한 행동은 대가를 치러야 하는 곳을 가리킨다. 따라서 재앙으로 피해를 보는 것은 반드시 피해자가 옳지 않은 일을 했기 때문이라는 추론을 성립시킨다. 그러다 보니 죄 없는 피해자가 생겨날 경우, 그들의 믿음은 손상을 입고 불안을 유발한다. 결국 이 불안을 없애기 위해선 그럴싸한 잘못을 피해자에게 덮어씌워야 하는 것이다. 예를 들어, 교통사고를 당한 행인은 어딘가 부주의한 데가 있었고, 강간당한 여자는 그럴만한 소지가 충분했으며, 심지어 살해당한 사람에게조차도 '피해자 비난(victim blaming)'을 서슴지 않는 것이다.

이렇듯 자기 자신도 가해자보다는 피해자가 될 확률이 높음에도 불구하고 꼭 피해자 지적에 앞장서는 사람들이 의외로 많다. 그 심리는 확연하다. 그저 우연에 의해 자신도 같은 피해자가 될 수 있다는 사실을 결코 인정하고 싶지 않을뿐더러 '내가 평소 조심하고 현명하게 처신하면 절대 저런 끔찍한 일을 당하지 않을 거'라고 믿고 싶기 때문이다.

우리는 가설 속 '공정한 세상'이 정말로 공정한지 생각해 봐야 한다. 2차 가해는 피해자를 위축시켜 범죄 사실을 신고하지 못하게 하고 가해자로 하여금 범죄의 무게를 낮추어 범죄 발생을 종용할 뿐이다. 무엇보다 내 마음의 불편함을 덜기 위해 피해자에게 또 한 번 상처를 주는 것은 너무나 모질고 가혹한 일이다.

1938년, 사뮈엘 베케트의 가슴을 찌른 칼이 그의 심장을 아슬아슬하게 비껴가지 않았다면, 우리는 현대연극의 걸작 〈고도를 기다리며〉를 보지 못할 뻔했다.

젊은 시절 베케트는 파리의 밤거리에서 돈을 요구하는 괴한의 칼에 찔렸다. 단 한 번도 본 적 없는 모르는 사람이었다. 병원에 있는 동안 그는 분노를 넘어선 황당함에 '나에게 도대체 왜?'라며 온몸을 떨었다. 퇴원하자 감옥에 갇힌 가해자를 찾아가서 물었다. 그때 가해자가 한 대답은 "나도 모르겠어요, 미안합니다."가 전부였다. 평론가들은 이 사건이 훗날 〈고도를 기다리며〉를 비롯한 그의 부조리극에 상당한 영향을 끼쳤으리라 생각한다.

세상은 불합리와 우연으로 가득하다. 누구에게도 길을 가다가 칼에 찔리거나 보도블록으로 맞을 만한, 성폭행을 당할 만한, 더욱이 살해당할 만한 이유는 없는 것이다.

텅 빈 무대, 황량한 언덕과 쓸쓸한 나무 한 그루. 블라디미르와 에스트라공의 지루한 기다림은 멈출 수 있을까. 더 나은 세상, 공정하고 공평한 세상은 과연 있을까.

세상은 참 불가해한 어둡고 깊은 숲길이다.

나, 대한민국 국민 아닙니다

서울에서 진도珍島는 멀었다. 하지만 진도대교를 건너자 팽목항까지는 더욱 아마득하다. 항구로 가는 이정표를 보자 목이 메고 눈앞이 흐려진다. 올 때마다 한층 깊고 단단해지는 아픔은 납덩이처럼 진도 앞바다 맹골수도 속으로 끊임없이 가라앉는다. 벌써 8년이 지났다. '세월호 팽목 기억관'을 찾는 발걸음은 매번 천근만근이다.

저녁 어스름, 바람 이는 텅 빈 항구엔 흙먼지가 회오리치며 여기저기 몰려다녔다. 거짓말처럼 이 넓은 공간에 아무도 없었다. 기억관 안에는 희생자의 이름을 일일이 부르는 신음 같은 소리가 처연했고, 빽빽하게 붙여놓은 304명의 사진 속 눈동자가 나를 보고 있다. 특히 마지막까지 인양하지 못한 다섯 사람의 사진은 울컥 눈물을 쏟게 만든다. '이곳은 꽃다운 나이에 스러진 아이들이 뭍으로 나와 엄마 아빠를 만나서 집으로 돌아가던 장소입니다'라는 푯말 앞에 서자, 참사 당시 나를 때린 온갖 사연이 고스란히 떠올랐다.

"이젠 살아있을 거라 생각 안 해요. 하루라도 빨리 시신이라도 찾아야지요."

일주일이 지나도록 아이를 찾지 못한 한 아버지가 더 이상 흘릴 눈물도 없다며 내뱉은 말이 귀에 쟁쟁하다. 대부분 열일곱 살, 곱디고운 나이의 남녀학생들이다. 전쟁이 휩쓴 것도 아닌데, 쓰나미가 덮친 것도 아닌데, 대지진이 할퀸 것도 아닌데, 아이들이 차디찬 바닷속에서 꼼짝없이 숨을 거두고 말았다니 이 날벼락을 도대체 어쩌란 말인가.

"다 정리하고 떠날 거예요. 나 대한민국 국민 아닙니다. 이 나라가 내 자식을 버렸기 때문에 나도 내 나라를 버립니다."

어느 아빠의 절규는 지금까지도 가슴을 후벼 판다. '내 딸, 내 딸' 하며 울부짖다 쓰러진 엄마의 모습이 가슴을 찢는다. 얼굴이 전혀 상하지 않은 채, 온전한 아들의 시신이 올라왔다.

"우리 아들은 마지막까지 이렇게, 마지막까지 이렇게 효도하고 갔어요."

넋을 놓고 오열하는 부모의 모습을 차마 바라볼 수 없어 고개를 돌리고 함께 통곡했었다.

2014년 4월 16일 오전 8시, 탑승객 476명을 태운 세월호는 서서히 기울며 가라앉고 있었다. 참담한 비극의 시작이다. 이틀 뒤, 선수 부분까지 물에 잠겨 완전 침몰. 깊은 공황 상태에 빠진 온 국민은 안타까운 마음으로 TV 앞에서 애끓는 눈물만 흘리고 있었다.

세월호 참사는 분명 돈만 알고 안전은 뒷전인 부실 선박회사와 무책임한 선장이 함께 만든 인재人災였다. 이준석은 선장의 휴가로 세월호를 잠시 맡은 대리 선장이었다. 따라서 지휘 체계나 위기 대응 매뉴얼이 작동하지 않았다. 진도 관제센터가 '선장이 최종 판단해 승객의 탈출 여부를 결정하라'고 재촉하는데도 세월호에서 돌아온 답은 '탈출하면 구조할 수 있느냐'는 물음뿐이었다. 침몰 해역에서 진도 동거차도東巨次島까지의 거리는 1.5km. 어선도 10분 안에 도달할 수 있는 거리다. 승객들이 구명동의를 입고 갑판에 나와서 바다로 뛰어내렸더라면 대부분 구조됐을 것이다.

세월호의 사고 원인도 전문가들은 선적한 화물을 제대로 묶지 않아 이 같은 참극이 빚어졌다고 추정했다. 세월호 화물칸에는 차량 180대와 화물 1,157t이 실려 있었다. 배가 크게 변침(항로변경)하는 순간 제대로 묶지 않은 화물이 한쪽으로 쏠리면서 배가 복원력을 회복하지 못했다는 말이다. 배가 기울어질 때 모든 사람이 들었다는 쿵 소리는 이것을 증명하는 것이다. 게다가 하역 시간을 줄이기 위해 배가 제주항에 도착하기 한두 시간 전부터 짐을 푼다는 이야기도 있다. 세월호는 안개 때문에 두 시간 늦게 출발해 짐 푸는 작업을 서둘렀을 가능성도 충분히 있었을 것이다. 엎친 데 덮쳤다. 일을 내려고 달도 뜨지 않고, 개도 짖지 않은 꼴이다.

  더욱 몸서리쳐지는 것은 선장이다. '그 자리에서 대기하라'는 지시로 승객들을 배 안에 묶어두고 자신은 신분을 숨기기 위해 팬티 바람에 탈출했다니, 그는 뻔뻔한 철면피에 악랄한 살인범이었다. 승객들이 선실에 갇혀 죽어가는 시간에 물에 젖은 5만 원짜리 지폐를 말리던 무책임한 인간에게 수백 명의 인명을 맡겼다는 것은 개인의 문제만이 아닌 우리 사회의 구조적 취약점일 것이다.

"저 동정 받을 사람 아니에요. 대학에서 영문학 전공했고, 입시학원 원장이고, 시의원 친구도 있어요. 이 사회에서 어디 내놔도 창피할 사람 아니라고요. 그런데 이제는 내가 살아있는 것 자체가 저주스러워요. 우리 딸 나오길 기다리는 한 시간 한 시간이 피를 말려요."

단원고 2학년 작은딸이 저 배 안에 있다고 먹지도 자지도 못한 채, 팽목항 여기저기를 초주검이 되어 쏘다녔던 어머니 김 씨의 이야기는 숱한 사람의 가슴을 갈가리 찢어놓았다. 견디다 못한 남편은 쓰러졌다. 말을 더듬고 눈이 풀린 채 온몸이 경직된 남편 앞에서 김 씨는 눈물조차 흘릴 수 없었다.

"남편 때문에 눈물을 참다 더는 참으면 안 될 것 같아서 숨어서 수건으로 입을 막고 울어요. 화장실에서 울고 눈을 닦는데 눈을 뜨자마자 '아직도 우리 딸이 저기 있네'라는 생각이 들어서 눈물이 다시 확 쏟아져요. 이러면 안 되는데 하면서도 마음이 추슬러지지 않아요."

아무리 독한 마음을 먹어도 딸 얘기를 할 때마다 김 씨는 몸을 가누기 힘들어했다.

"내 친척이든 친구든 이제는 주변에 멀쩡하게 자식 살아있는 사람들을 만나지 못할 것 같아요. 솔직한 심정으로 누구라도 날 건드리는 사람 있으면 칼 가지고 찔러 죽이고 싶어요."

그렇게 팽목항을 헤매며 김 씨가 내린 결론은 '나는 내 새끼도 지키지 못한 못난 부모'라는 것이었다.

"이 나라에서는 나 정도 부모여서는 안 돼요. 대한민국에서 내 자식 지키려면 최소한 해양수산부 장관이나 국회의원 정도는 돼야 해요. 이 사회는 우리 같은 사람은 자식을 죽일 수밖에 없는 곳이에요."

김 씨의 말 한마디 한마디는 그대로 비수가 되어 이 땅에 사는 부모들의 가슴을 도려냈다.

"제가 30대 때 삼풍백화점이 무너졌어요. 사연 들으면서 많이 울었는데, 지금 생각하면 그 뒤로 제가 한 일이 없는 거예요. 10년마다 사고가 나는 나라에서 제도를 바꾸려고 아무 노력도 하지 않아서 제가 똑같은 일을 겪는 거예요. 지금 SNS 하면서 울고만 있는 젊은 사람들, 10년 뒤에 부모 되면 저처럼 돼요. 봉사하든 데모하든 뭐든 해야 해요."

눈물을 흘리며 자신을 탓하던 김 씨는 이 나라에서는 언제든지 당신도 나처럼 자식을 잃을 수 있다고 힘주어 말했다.

팽목항엔 다시 먼지바람이 일었다. 피멍에 물든 지 어느덧 8년, 또 무심히 세월이 지나가고 있다. 희미하게 잊히며 아무 일도 없었던 것처럼 말이다. 노랗게 팔랑거리던 리본도 비바람에 씻겨 탈색된 채, 맥없이 매달려 있다.

"웅기야! 엄마 왔어. 보고 싶다. 사랑한다.♡"

어느 엄마의 아픈 마음이 안개 자욱한 항구 담장에 묶여 측연히 흔들리고 있다.

노력 신앙

  50년도 넘은 중3 수학 교과서를 찾았다. 며칠 전 장롱 위 책 무더기 속에서였다. 누렇게 변색한 겉장을 들추니 속표지 중앙엔 '하면 된다'는 매직 글씨가 힘차고, '노력은 성공의 어머니'란 글귀는 한껏 번져 있었다.
  글씨는 내 것이 확실한데, 과연 나는 성공의 어머니 노릇을 충분히 했을까. 맘껏 놀아재끼진 않았지만, 고등학교 내내 수학 시간이 고역이었고 성적도 신통찮았던 걸 보면 말뿐이었을 게 분명하다. 아직도 숫자와 관련된 것은 아주 맹탕이다. 고등수학은 말할 것도 없고 두서너 개 물건값을 합친다거나 연도나 나이를 셈할 때도 어물쩍 넘기는 경우가 허다하다. 게다가 이젠 기억력마저 감감해 자주 들어도 소용없다. 토지 평수를 제곱미터로 환산하는 일 등 실생활에 필요한 것도 도무지 계산이 안 선다. 해도 해도 수리 능력은 영 젬병, 그 당시 책상에 앉아있긴 했어도 애만 쓰다 말았을 게다.

고교 시절엔 소설가가 되고 싶었다. 그 소망으로 국문학과를 택했다. 의욕과 열정이 탑처럼 솟아 곧 잡힐 듯 가슴이 뛰었다. 닥치는 대로 읽고 미련스레 써 재끼면서 '하면 된다'는 신화 속으로 빠져들었다. 해마다 연말이 되면 신년에 대한 계획과 설렘은 뒷전이고 오직 받고 싶은 소식 하나에 가슴 졸였다. 열리지 않는 문 앞에서, 해마다 도지는 열병을 휘지게 앓았다. 신춘문예, 십 년간의 짝사랑은 끝끝내 등을 보였다. 강산이 변하도록 빠짐없이 응모했던 집념은 단 한 번의 예선 통과도 거부당한 채 헛수고로 끝이 났다.

노력의 중요성을 강조하는 '일만―萬 시간의 법칙'이란 게 있다. 어느 분야든 성공을 거두기 위해선 일만 시간의 노력이 필요하다는 경험칙이다. 예를 들어, 하루에 세 시간씩 십 년이면 일만 시간이 되는데, 이 시간 동안 한 가지 일에 열중하면 그 분야에서 최고가 된다는 확신이 담긴 경구다. 하지만 최근 본 어느 신문 기사의 내용은 뜻밖이었다. 노력과 선천적 재능의 관계를 연구해 본 결과, 타고난 재능이 노력보다 훨씬 중요하다는 거였다. 음악에서는 재능 79%, 노력 21%고 스포츠는 재능 82%, 노력 18%였다. 학술 분야는 그 편차가 더 심해 96대 4의 비율이라고 한다. 즉, 공부하는 머리는 타고난다는 얘기다. '1%의 영감과 99%의 노력'이라는 에디슨의 천재론도 사실은 '99%의 노력도 단 1%의 영감 없이는 소용없다'는 뜻이고, 재능이 이끌지 않는 노력은 아무리 해도 그 결과를 낳지 못한다는 의미다. 이것저것 아무 재능도 타고나지 못한 사람들에겐 맥 풀리는 이야기다.

　노력의 무용無用을 말하려는 것은 아니지만, 안 되는 것은 끝내 안 되는 것이 아닐까. 일말의 재능이라도 뒷받침해 주지 않으면 어떤 노력도 그것만 가지고는 빼어난 성취를 기대하기란 어렵고 힘들다. 물론 노력이 시작을 독려하고 과정마다 험한 고비를 넘겨주며 거친 길을 편케 닦아주기는 하겠지만, 결국 마지막 영광의 월계관은 타고난 재능이 씌워주는 것이 아닐까 싶다. 명곡과 명화 속 탁월한 소절과 눈부신 색채, 그리고 결승점을 향해 달리는 마지막 동작의 민첩성은 지닌 재능이 등을 쳐주고 손을 잡아줘야만 이룰 수 있는 성과임이 틀림없다. 따라서 무작정 들이대는 노력보다는 그에 앞서 자신에게 주어진 재능을 찾아내는 것이 오히려 빠른 길이 아닐지. 누구나 세심히 살피면 뜻밖의 소질과 숨어있던 능력을 발견할 수 있고, 비록 굵고 뚜렷한 재능은 아닐지라도 스스로 좋아하고 전심전력할 수 있는 재주와 역량이 드러나게 마련이다. 세상 모든 일이 서가 짧으면 동이 길고, 북쪽이 부족하면 남쪽은 남게 돼 있다지 않던가. 짧고 부족한 것에 매달려 애쓸 일이 아니라 길고 남아있는 것이 무엇인지 곰곰 생각해 볼 노릇이다. 자기 능력과 상관없는 일을 좇으며 전전긍긍, 허송세월하는 것은 실로 안타까운 일이다.

쉰이 넘은 나이, 뒤늦게 수필 마당에 들어섰다. 돌고 돌아 다다른 곳이다. 소설에 대한 열망의 부스러기를 털어내고 가까스로 찾아낸 우호적이고 반반한 땅이다. 내게 이곳은 자아 통찰과 자기표현의 은밀한 공간이며 내 삶이 함유하고 있는 본질을 찾아가는 새롭고 유일한 통로다. 어차피 글쓰기가 호락호락하지 않을진대 이 터라고 만만하겠냐마는 내 깜냥의 경험과 사실을 담아내기에는 크기도 깊이도 적합한 그릇이다. 한 문장 한 구절 사람들의 공감과 갈채를 위해 공력을 기울인다. 어슴푸레한 재능의 치맛귀를 잡고 오늘도 타박타박 열심히 걷고 있다.

새로 찾은 수학 교과서를 찬찬히 펼쳐본다. 밑줄이 숱하게 쳐진 페이지마다 노력의 흔적이 애처롭다. 낡고 헤진 맨 뒷장에는 '고진감래苦盡甘來'라고 적고, '안 되면 되게 하라'는 말을 크게 휘갈겨 놓았다. 불현듯 콧등이 시큰해진다. 쓴 것을 삼키며 아무리 단 것을 기다려도 영영 오지 않았던 모양이다. 안 되는 것을 알고 어떻게든 되게 하려고 애쓴 자국이 상처처럼 선명하다. 안 되는 것은 안 되는 거다. 무조건 쌓아 올린 '노력 신앙'의 그림자가 허망하게 어룽댄다.

하게끔

 자연의 이치는 오묘하다. 하지만 건성건성 둘러보기만 하면 속내를 털어놓지 않는다. 호기심에 고개를 갸우뚱하는 이들에게만 놀랄 만한 이야기를 조곤조곤 풀어놓는다. 언젠가 무릎을 치며 읽었던 생태계의 진묘한 이야기들이 오래도록 기억 속에 선명하다. 실로 자연의 현상과 이치 속엔 억지가 전혀 없다.
 봄을 알리는 전령사로 제비꽃이 있다. 강남 갔던 제비가 돌아올 때쯤 핀다고 붙여진 이름으로 전국 어디서나 볼 수 있는 여러해살이풀이다. 진한 자주색 꽃이 땅에 납작 엎드려 앙증맞게 피는 걸 보면 '겸양'이란 꽃말에 고개가 끄덕여진다.
 알다시피 도시는 여린 식물들에겐 척박하다. 아스팔트와 건물, 그리고 사람들의 발길이 가혹해 살기에 모질고 드세다. 하지만 제비꽃은 아랑곳하지 않고 어디서든 잘 자란다. 조금이라도 발붙일 곳이 있으면 뿌리를 내려 귀여운 꽃을 피운다. 이 놀라운 생존력에는 단순히 억척 이상의 비결이 숨어 있다.

제비꽃은 씨앗을 만들 때 한쪽에 '엘라이오좀'이라는 기름기 많고 단백질이 풍부한 작은 덩어리를 같이 만든다. 날마다 부지런히 먹이를 찾아다니는 개미들이 이걸 놓칠 리 없다. 보는 즉시 집으로 가져가 맛있는 덩어리를 떼어낸 후, 씨앗은 집 근처에 버린다. 제비꽃은 애써 만든 씨앗을 가능한 한 멀리 보내고 싶은 소망을 자연스레 이룬다. 부탁하지도 않고 억지로 시키지도 않는다. 개미들의 이익을 위한 행동이 제비꽃의 목적에도 맞게끔 상황을 설계하여 상대가 스스로 하게끔 만든다. 그래서 제비꽃이 줄줄이 난 곳을 자세히 보면 개미들이 많고, 근처에 개미집이 있다. 번식을 위한 작은 식물의 노력이 참으로 가상하다. 이 기막힌 지혜를 애기똥풀이나 금낭화, 괭이밥 등도 이용한다니 혀가 내둘러진다.

두어 달 전이다. 졸업 후, 전혀 연락이 없던 대학 동창에게 전화가 왔다. 사십여 년 만인데, 뜬금없이 서울지검의 아무개 검사를 아냐고 물었다. 자기가 수소문해보니 내가 고등학교 3학년 때 담임을 했었다는 것이다. 본인의 아들이 어떤 사건에 연루되어 수사받고 있는데, 그가 담당 검사라고 했다. 상황이 좋지 않아서 그러니 내가 주선하여 그를 사석에서 만나게 해 달라는 요청이었다. 몹시 다급했던 모양이다. 안부도 제대로 묻지 않은 채 횡설수설 떨리는 목소리로 자기 말만 해댔다.

"무슨 말인 줄은 알겠는데, 난 도와줄 수 없네. 그런 일에 내 말을 듣고 나올 사람도 아니라네. 전화 끊겠네."

목청을 높이진 않았지만 단호하게 말하며 전화기를 내려놓았다. 몇 십 년 만에 연락해 놓고서 도대체 내게 무슨 짓을 하란 말인가. 딱한 사정은 알겠지만 되지도 않을 부탁을 툭 던지듯 하는 태도가 못마땅하기 짝이 없었다. 30년 넘게 교단을 지키면서 인연 맺은 제자가 수도 없지만, 여태껏 내가 필요해 졸업한 제자를 불러댄 적은 단 한 번도 없었다. 더욱이 불순한 의도로 공직에 있는 사람을 만난다는 것은 상상조차 할 수 없는 일이었다.

언짢은 마음은 며칠을 두고 속을 긁었다. 하지만 남의 어긋난 행동까지 내가 어쩌겠는가 싶어 애써 눅였다. 때마침 만개한 목련꽃의 정갈한 모습을 보며 불쑥거리는 화증과 너절한 감정을 다독일 수 있었다.

봄꽃 중 여왕은 단연 목련이다. 잎보다 먼저 피워낸 하얀 꽃, 그 소담스러운 자태에 취해 무심히 넘기기 쉽지만, 꽃송이가 위를 향해 있는 점은 특별하다. 대개의 꽃은 입구가 옆이나 아래로 향하고 있는데 말이다. 꽃이 더 커 보이긴 하겠지만 비가 오면 빗물을 고스란히 꽃 안으로 받아야 할 텐데 왜 '고개'를 쳐들고 하늘을 보고 있을까?

목련꽃은 수분受粉을 풍뎅이에게 맡긴다. 그런데 문제가 있다. 풍뎅이의 비행 실력이 나비나 벌처럼 세련되지 못하다. 너석들은 거칠고 투박한 생김새답게 날갯짓이 서툴다. 여기저기 툭툭 부딪치듯 날아다닌다. 당연히 입구가 옆으로 나거나 아래로 향해 있다면 풍뎅이는 얼마나 난감할 것인가. 목련꽃은 둔한 상대의 편의를 위해 꽃 입구를 위로 향한다. 조력자를 만족시키는 '배려'로 자신의 목적이 자연스럽게 이루어지도록 하는 것이다.

자연의 신비함은 여기서 그치지 않는다. 옥수수엔 박각시나방 애벌레가 골칫거리다. 소중한 잎을 마구 먹어버리는 통에 가만 놔두면 남아나는 잎이 없을 정도다. 이럴 때 옥수수는 묘한 향기를 만들어 퍼뜨린다. 향기를 내는 목적은 하나, 기생벌을 불러들이기 위해서다. 다행히 옥수수가 뿜는 향기는 기생벌들에게 희소식이다. '여기 너희들이 찾는 박각시나방 애벌레가 있으니 빨리 오라'는 메시지인 까닭이다. 마침 이 애벌레를 찾아다니고 있던 기생벌들은 '소식'을 접하자마자 반갑게 몰려들어 이 애벌레의 몸속에 알을 낳는다. 알에서 나온 자기 새끼들에게 성장할 때까지의 양식을 제공하기 위함이다. 어쨌든 옥수수는 이렇듯 적의 적은 내 편이라는 원리를 활용해 천적을 불러들여 문제를 해결한다.

동창의 부탁을 거절한 지 얼마 지나서다. 자주 만나는 친구가 전화로 알려왔다.

"들어줄 생각이 없다면 말이라도 좀 잘하지 그랬어. 그 친구 여기저기 다니며 자네 욕을 퍼붓고 다닌다는구먼. 못난 놈, 하는 짓마다 왜 그런지 모르겠네그려. 쯧쯧!"

어이가 없고 기가 막혔지만, 이제는 이것저것 이치에 순응하고 받아들이며 살 나이, 하찮은 일에 신경 쓰지 않기로 했다.

자연스럽지 않은 것은 불편하다. 역행은 버거운 일이다. 더욱이 우격다짐은 천박하다. 아마 그래서 그럴 것이다. 자연에는 부적절한 청탁이란 없다. 모든 일을 억지로 '하라'지 않고 '하게끔' 한다. 어울려 살아가기 위한 최선의 방법, 자연스러운 이치만 아름답게 존재할 따름이다.

나로부터 비롯되나니

　지인의 문학상 수상 소식이 전해졌다. 권위가 남달라 누구든 꼭 한 번은 받아보고 싶은 상이다. 그래, 맞아! 그 사람이라면 당연히 받을 만하지. 겸손한 표정으로 수줍게 웃는 그의 얼굴을 떠올리며 나는 고개를 끄덕였다. 깊이로 보나 폭으로 보나 그의 글은 나무랄 데가 없다. 유장한 문장과 짱짱한 구성이 이미 독자나 평자들 사이에 정평이 나 있었다. 수상 작품집을 다시 찾아 읽으며, 그에게 줄 축하 선물로 향기로운 녹차를 준비했다.
　수상식이 있는 날이다. 다정한 마음으로 시상식에 참석했다. 하지만 거기서 들은 소리가 귀에 남아 아직도 쟁쟁하다.

"마지막까지 자네와 저 사람이 경합했다네. 끝내 결론이 나지 않자, 표결에 부쳤는데 그만 3 : 2 아깝게 자네가 밀리고 말았지!"

심사에 관여했던 선배의 말, 차라리 듣지 말았어야 할 소리에 죽이 끓듯 혜식은 생각이 들썽거렸다. 식이 진행되는 내내 그와 나의 위치를 멋대로 바꾸며 부질없는 마음이 나를 계속 흔들었다. 내 글도 영 못 미치는 것은 아니었을 텐데…. 내려놓아야 할 마음이 불쑥 고개를 쳐들며 내 속을 훑었다. 그래, 언제나 이런 속내가 말썽을 부린다.

학교에 재직할 때다. '모범교사상'이라는 것이 있었다. 개교기념일을 전후해 근무평정을 고려하여 한 사람을 선정, 수상하는 제도로 부부 동반 유럽 여행이라는 부상이 늘 군침을 돌게 했다. 하지만 유능함도 탁월함도 턱없이 부족한 나로서는 언감생심, 덤덤히 바라봐야 할 그림의 떡이었다. 그래도 참 희한한 일이다. 아무리 담 넘어 일이라지만, 수상자가 발표되면 기꺼이 손뼉을 치면서도 마음 구석에 서늘한 바람이 휘젓는 까닭은 알다가도 모를 일이다. 그들의 노력과 알찬 능력은 저만치 제쳐두고 공들여 거둔 열매만 부러워 전전긍긍, 가시 돋친 마음이 옳게 축하도 하지 못한다. 한술 더 뜰 때도 있다. 나도 그에 못지않다는 오만과 자만심이 불현듯 치솟아 한동안 속마음을 볶기도 한다. 맞다, 매사 이런 궁리가 골칫거리다.

 나보다 월등한 재주와 능력에 고분고분 고개 숙이며 갸륵한 진심을 냈다가도 툭툭 불거지는 심술이 바로 마음이다. 우리는 남과 나를 비교할 때가 많다. 이때 중요한 것은 서로의 크기와 무게를 정확히 재는 일이다. 같은 잣대와 저울로 잰 치수라야 공정이 확보돼 각자의 우월이나 장점을 흔쾌히 인정하고, 진정어린 치하와 축하를 주고받을 수 있다. 여기에 착오가 생기면 자기의 마음이 아상을 만들어 오만의 수렁에 빠지고 만다.
 남의 슬픔엔 공감이 쉽지만 남의 경사는 흔연한 축하가 쉽지 않다. 악의가 있는 것은 분명 아닐지라도 수시로 변하는 마음이 선뜻 진심을 내지 못한다.
 변덕스러운 마음은 진득하지 않고 걸핏하면 요망을 떨곤 한다. 금방 들은 말 한마디와 잠깐 스친 생각에도 수시로 얼굴을 바꾼다. 오죽하면 "어지럽게 나부끼기로는 기러기 털보다 가볍고, 쉬지 않고 흩어지기로는 빨리 지나는 바람 같고, 제지하기 어렵기로는 원숭이보다 더하고, 잠깐 나타났다 순식간에 사라지기로는 번개보다 더 빠른 것이 마음"《대지도론大智度論》)이라고 경계하지 않았던가. 평생 그놈 하나 다스리기가 어찌 이토록 어렵고 힘들단 말인가.

　수희공덕隨喜功德이라는 말이 있다. '남에게 좋은 일이 있을 때 진심으로 칭찬하고, 자기 일처럼 기뻐하라《화엄경 보현행원품》'는 말이다. 누구나 쉬 고개는 끄덕이지만, 중생의 마음으론 참으로 멀고 아득한 일이다. 시기, 질투하지 않고 남의 공덕을 함께 기뻐해 주는 것만으로도 자신에게 복이 된다고 한다. 따라서 수희의 기쁨 속에는 나도 곧 공덕의 원천이 될 것을 기약하는 염원이 담겨야 한다. 그리고 '너와 내가 서로 다르지 않음'을 알아야 할 일이다. 남과 화합하며 나를 다짐하는 순하고 올곧은 말이지만, 하루에도 열두 번 뒤바뀌는 마음은 순순히 받아들이지 못하고 노상 눈을 흘기며 삐쭉댄다. 그래서 '복은 받는 것이 아니라 짓는 것'이란 말이 늘 공염불이 되고 마는 것은 아닐지.

　행동은 몸으로 하는 것이지 몸이 하는 것이 아니고, 말은 입으로 하는 것이지 입이 하는 것이 아니며, 생각은 마음으로 하는 것이지 마음이 하는 것이 아니라고 한다. 세상 모든 것은 내가 몸소 몸과 입과 마음을 부려 행동하고 말하고 생각하는 것이다. 모든 행위의 결과는 오로지 나로부터 비롯된다.

시비와 분별심이 범벅이 된 채, 남보다 조금 앞서기 위해 나와 남을 모두 할퀴는 게 나다. 나를 힘들게 하는 것은 정작 바로 나인 것이다. 하지만 눈이 눈을 볼 수 없듯 자기는 자기를 볼 수도 알 수도 없다. 자신의 무지와 욕망 그리고 어리석음을 깨닫지 못하고 끊임없이 미망 속을 헤맬 뿐이다. 나를 비우고 헹궈내지 못하면 매양 그 자리다.
　나를 놓아야 모든 것이 바로 보인다.

스스로 보석이 되려 하오

 요즘 들어 간간이 친구의 부고 소식이 들린다. 느닷없이 전화나 문자를 받게 되면 잠시 아뜩하고 망연하다. 이제 다시는 이승에서 볼 수 없다는 생각과 함께 길든 짧든 같이했던 시간들이 머릿속을 스쳐 지난다.
 "걱정하지 마! 나 이 정도면 성공했잖아. 까짓것 대장암이 대수야. 다 맘먹기 달린 거지. 아직 할 일이 얼마나 많이 남았는데, 이겨내고 말 테니 두고 보라고."
 입원 소식을 듣고 병원을 찾아간 내게 그가 주먹까지 부르쥐며 한 말이다. 그는 40년 넘게 친히 지내온 고등학교 동창이다. 명석한 머리와 조리 있는 말씨, 그리고 용단이 빠른 그의 수완이 상당한 성공을 일궈냈다. 해마다 나라의 표창을 휩쓰는 튼실한 중견기업의 대표였다.

"꼭 이겨내게나. 평생 지고는 못 사는 자네였으니 툭툭 털고 일어날걸세."

그는 현재의 성공이 앞으로도 지속될 자신의 행운을 증명하는 것이라 굳게 믿으며 살았다. 살이 내려 퀭한 눈이 걱정이었지만 호쾌하게 웃는 그를 보며 병실 문을 나섰다.

그 후, 들리는 소식이 뜻밖이라 다행이었다. 어렵사리 수술을 마치고 퇴원한 그는 술자리까지 쫓아다니며 전보다 더 왕성한 활동을 한다는 거였다. 멀쩡히 치과병원을 운영하는 아들을 강제로 불러 앉혀 회사를 경영한다는 소식이 놀랍고 그다웠다.

"아들놈에게 좀 기대볼까 했는데 영 틀렸어. 재주도 없거니와 도무지 욕심이 있어야지. 그래서 내가 다시 들어앉았다고. 건강도 사업도 잘되고 있으니 언제 짬이 나면 한 번 보세나."

서너 달 뒤 전화기에서 들려온 그의 목소리엔 의욕이 넘쳤다.

"이젠 좀 쉬지 그러나. 건강이 우선일 텐데."

걱정스레 건넨 말에 "무슨 소리야! 눈에 빤히 보이는 것을 그냥 보고 지나치란 말인가? 몇 해만 더 애쓰면 누구도 넘보지 못할 세계 최고가 될 자신 있네. 사업은 욕심을 내려놓으면 바로 허물어지는 거라네. 지켜보게나. 열심히 사는 놈에겐 암도

별거 아니더라고. 내 염려는 그만 내려놔도 돼!"

의기양양 우쭐대는 그의 말에 나는 할 말을 잃었다. 사람이란 누구나 저 죽을 줄 모른다더니 천년만년 살 것처럼 남의 말엔 귀를 틀어막았다.

힌두 신화에 '야마의 돌'이라는 이야기가 있다. 야마는 '죽음의 신'을 가리킨다.

오래전, 큰돈을 벌어 성공한 상인이 순례를 위해 히말라야 설산을 걸어 올랐다. 나날이 번창하는 사업에 대해 신에게 감사를 드릴 요량이었다. 그는 산길에서 잠시 쉬다가 돌무더기 사이에 박힌 보석덩어리를 발견했다. 상인은 주변의 돌들을 하나하나 빼내기 시작했다. 땀이 비 오듯 흘렀다. 이 정도면 가게를 수십 배로 늘릴 수 있을 거야. 상인은 왜 자신이 이곳을 찾아왔는지 잊은 채 보석을 캐는 데 온 정신을 팔았다.

얼마 후 거지 하나가 지나가다 보석을 보았다. 이 거지는 전생에 지나친 욕심 때문에 지금의 과보를 받고 있다고 예언가에게서 들었다. 그 죗값을 청산하려고 탐욕을 버리고 경건한 마음으로 성지순례를 마쳐야 한다고 예언가는 권했다. 하지만 거지는 "저 보석이면 이 생활을 청산할 수 있을 거야. 신이 내게 준 마지막 축복이 분명해."라며 보석을 갖기 위해 위아래에 박힌 돌을 하나씩 뽑아냈다. 예언가의 충고를 까마득히 잊은 채 보석을 자기 것으로 만드려는 욕심에 두 눈을 희번덕거렸다.

또 얼마의 시간이 흐른 후 수행자 하나가 그 자리에 앉았다. 보석에 눈길을 한 번 주었던 수행자는 충분히 쉬었다는 듯 무심히 일어나 산을 향해 길을 재촉했다. 잠시 후, 수행자 앞에 구도자의 모습으로 변장한 야마가 찾아왔다.

"당신은 왜 보석을 챙기지 않았는가?"

야마의 물음에 수행자는 담담하게 답했다.

"나는 나 스스로가 보석이 되려 하오."

놀란 야마는 본래의 모습으로 돌아와 수행자에게 말했다.

"보석을 갖기 위해 많은 사람이 주변의 돌을 빼내다가 모조리 죽었다. 하지만 너는 그러지 않았다. 진정으로 너는 천상에 오를 가치가 있는 사람이다. 네가 목적한 바를 이룰 때까지, 나 죽음의 신 야마는 네 목숨을 거두어 가지 않겠다."

알고 보니 그곳은 모래와 돌로 이루어진 퇴석층으로 소리만 크게 질러도 사방이 우르르 무너지는 산사태 위험지역이었다.

"아버지께서 오늘 새벽 세상을 뜨셨어요. 척추로 전이되고 하혈을 심하게 하면서도 끝내 일을 놓으시다가 그만…"

아들은 회한이 가득한 목소리로 참담한 소식을 전했다. 나는 전화기를 내려놓지 못한 채 한참을 멍하니 앉아 있었다. 참말로 어리석고 미련한 사람이다. 영리한 척은 혼자 다 하더니 자신의 보석을 잔뜩 깔고 앉은 채 다시금 야마의 보석을 탐냈던 그, 세상에 이렇듯 못난 사람이 또 있을까. 평소 남의 말을 툭툭 가로채며 제 말만 옳다고 떠들던 그의 모습이 내 흐린 눈앞에 어룽거렸다.

제 보폭을 잃고 오로지 앞만 보고 달렸던 그의 인생, 삶의 여기저기에 박혀 번쩍이던 야마의 보석이 얼마나 많이 그를 유혹했을까. 결국 손에 잡힐 듯 손짓하는 그 보석을 쫓다 자기를 잃어버리고 무너뜨린 그가 안타깝기 그지없다.

재물에 초연하기는 누구나 쉽지 않다. 하지만 그것이 목숨과 맞바꿀 만큼 소중한 것인지 두루 살피며 살아야 했던 것은 아니었는지 남다른 성실함과 끊임없는 노력으로 스스로 빛났던 그에게 묻고 싶다.

염일방일拈一放一이라는 말이 있다. 하나를 얻으려면 다른 하나를 놓아야 한다는 말이다. 더 귀한 것을 쥐기 위해선 덜 귀한 것은 내려놓아야 하는 이 마땅한 이치를 왜 그는 몰랐단 말인가. 인생이란 세상 사람들이 대단케 여기는 것들이 별로 대수롭지 않다는 걸 알아 가는 과정이 아닐까 싶다. 산다는 것은 생각할수록 어렵고 불가해한 일이다.

스승은 자신이 만든다

 삼십 년이 훌쩍 넘는 교직생활, 사제의 인연으로 만난 사람이 셀 수 없이 많다. 개중에는 영민하고 톡톡한 사람도 여럿이지만, 물렁하고 느른한 사람도 드물지 않았다.
 성격도 천차만별. 무슨 일이든 솔선하며 앞장서는 사람이 있고, 소심하고 겁이 많아 노상 뒷자리만 찾는 사람도 있다. 푼더분한 성품으로 오래도록 기억에 남는 친구가 있는가 하면, 하는 일마다 풀쐐기처럼 까칠해 애를 먹인 친구도 종종 있다.
 잘하고 좋아하는 것도 가지가지다. 체육시간만 되면 종횡무진 날아다니는 아이가 있고, 노래를 부르라면 온종일 신이 나는 애도 있으며, 미술실에선 얼굴 가득 생기가 도는 아이도 있다. 또 국어와 영어는 괜찮은데 수학은 손도 대지 못하겠다며 징징거리고, 역사와 사회는 재밌는데 과학은 따분해 책상에 엎드려 잠만 자는 아이도 있다. 동이 길면 서가 짧기 마련, 장점과 단점이 뒤섞여 저마다 제각각이다.

오래전 일이지만 기억에 남는 두 학생이 있다. 고2 때 담임이면서 국어를 가르쳤던 학생들이다. A는 통통한 체구에 키가 작고, B는 훤칠했지만 마른 학생이었다. 둘 다 성실하고 유순해 나무랄 데가 없는데, 부진한 성적이 발목을 틀어쥐고 있었다. 그것도 한 두 과목이 아니라 전 과목이 다 시원찮으니 걱정이 태산이었다.

성적이 쳐지는 데는 이유가 있다. 게으르거나 건강 때문에 의욕이 느슨한 경우가 제일 흔하고, 주변에 친구가 법석대거나 사춘기를 별나게 겪으며 공부에 손을 놓는 수도 있다. 또는 가정형편이 어렵고 불화가 심해 학업이 힘든 상황도 더러 있었다. 하지만 이 두 학생은 이유가 없다. 유복한 가정환경에 건강하고 성품도 안정적이어서 본인뿐만 아니라 부모와 나의 고민은 깊어졌다.

원인을 찾지 못해 궁리가 많던 나는 두어 차례 면담을 마친 후, 우선 국어 성적이라도 올려보리라 맘을 먹었다. 매 시간 철저한 복습은 물론이고 단원이 끝날 때마다 두 권의 문제집으로 확인학습까지 시켰다. 두 사람 모두 충실히 따랐다. 하지만 별무소용이었다. 문제집을 꼼꼼히 점검하고 오답노트까지 작성케 했건만 중간고사 성적은 요지부동이었다. 힘이 빠지고 맥이 풀렸다.

어떡하든 기말고사 때는 성적을 올려 공부에 자신감을 갖게 하고 싶었으나 막막했다. 시험일이 다가오자 나는 특단의 조치를 취했다. 순리順理가 먹히지 않으면 역리逆理도 써볼 일이다. 문제집을 세 권 더 구입하도록 권했다. 그리고 그 다섯 권의 문제집에 해답을 미리 표시하게 했다. 이유는 다른 과목도 해야 하는 까닭에 시간을 절약해 보려는 조치였다. 문제를 풀기 위해 드는 시간을 아껴 좀 더 많은 문제를 다룰 수 있게 하기 위해서다. 문제 읽고 바로 답을 점검하며 왜 이것이 답인지만을 확인하라고 했다. 두 권을 풀 수 있는 시간에 다섯 권을 검토시켜 시험 범위를 가지고 만들 수 있는 모든 문제를 빠짐없이 확인토록 한 조처였다. 물론 이런 방법이 모든 학생들에게 다 유용한 것은 아니다. 또 과목마다 모두 적용할 수 있는 것도 아니지만, 응용력이 부족한 학생들에게 효과를 볼 수 있는 방안이었다. 웬만한 학생들은 비슷한 유형의 문제를 한두 번 풀게 되면 내용을 조금 바꿔도 쉽게 해결할 수 있는데 그렇지 못한 학생이 꽤 많이 있었다. 나는 A와 B에게 시도해볼 요긴한 방편이라 생각했다.

 기말고사가 끝났다. 나는 그들을 불러 결과를 물었다. 그런데 결과가 상반되었다. A는 한자漢字 문제 하나를 제외하고 전부 맞췄지만 B는 종전과 마찬가지였다. B의 이유는 간단했다. 내가 권유한 대로 따르지 않았다는 것이다. 자기 자신도 답을 달고 문제를 푸는 것이 납득되지 않았고 어머니도 그게 무슨 공부냐고 반대했다는 거였다. 예전과 같이 문제를 풀다 보니 두 권도 채 다 못 풀고 시험을 봤다는 것이다. 나는 할 말이 없었다. 자기마저도 수긍할 수가 없었다니 어쩔 도리가 없는 게 아니던가. 이해는 가슴속 마음이 하고, 오해는 머릿속 생각이 한다더니 고개가 끄덕여졌다.

 스승은 꼭 대단한 능력이 있어서 되는 게 아니다. 내가 그를 믿고 따르면 곧 내 스승이 되는 것이다. '물을 얻기 위해 이곳을 파라'고 스승이 이르면 제자는 마땅히 삽을 가져와 파야 한다. 그러나 섣부른 제자는 땅을 팔 생각은 안하고 '여기를 파면 정말 물이 나올까' 의심하며 이곳저곳 물으러 다니기에 분주하다. 진정 스승의 가르침을 원한다면 머리를 갸웃거리기 전에 당장 땅을 파기 시작해서 물이 나올 때까지 파내려가는 끈기가 필요하다.

  요즘은 좋은 스승을 만나기도 어렵지만, 스승을 믿고 따르는 제자도 흔치 않다. 참된 사제지간은 따로 있는 게 아니다. 올곧은 스승과 우직한 제자가 서로 신뢰함으로서 빛을 발하는 것이다.

  훌륭한 스승일수록 제자에게 헛웃음 한 번 흘리는 것도 조심하고, 올바른 제자일수록 스승의 농담 한마디까지 새겨듣는다고 했다. 내가 믿음을 가질 때 그는 비로소 스승이 된다. 위대한 스승은 내가 만드는 것이다.

맑은 차를 따르고 향을 사르네

펄썩 주저앉은 채 도무지 일어서질 못했다. 몽둥이로 세차게 얻어맞은 듯 혼이 나가 한동안 어리쳤다.

'재야사학자 성낙주 석굴암미학연구소장 5일 오전 별세, 향년 67세' 몇몇 언론에서 소설가이자 석굴암 전문가인 그의 조전弔電을 알렸다.

2020년 11월 29일, 의식을 잃은 채 쓰러져 긴급 수술을 받고 중환자실에 누웠다더니 이레 만에 유명을 달리했다. 보름 전 만나 저녁 식사를 같이했고, 쓰러지던 날 아침에도 전화를 걸어와 농담을 주고받던 친구가 이렇듯 가다니 꿈을 꾸듯 믿어지지 않았다. 발견 당시 자신의 책상에 앉아 고개를 숙인 채, 마지막까지 글을 쓰던 모습이었다고 하니 생각할수록 그다운 죽음이다.

그는 독하고 질긴 쌈꾼이었다. 평생 투사였다. 교육 현장에서는 전교조 교사로 참교육을 위해 싸웠고, 책상에 앉아서는 기성 학계 권력이 휘둘러놓은 편견과 오류, 통념 및 통설과의 힘겹고 긴 쟁투를 벌였다.

첫 소설 《차크라바르틴》에 이어 《왕은 없다》를 발표하며 소설가로서의 입지가 굳어 갈 즈음, 석굴암을 소재로 소설을 써 보마고 《삼국사기》와 《삼국유사》를 뒤지기 시작했다. 그리고 얼마 되지 않아서다. 느닷없이 경주 석굴암을 오르내리며 '석굴암 바로 세우기' 작업에 몰두했다. 무슨 일이든 맘먹으면 끝장을 보는 성격이라 급기야 온몸을 통째로 내던졌다. 그의 유려한 문장에 매료된 나는 "네가 가장 잘 할 수 있는 일이 소설일 텐데…."라며 그의 앞길을 두 팔로 막아섰다. 소설을 써주기 바라는 간절함 때문이었다.

그러나 그는 단호했다.

"신화와 환상을 걷어내야 석굴암의 민얼굴이 드러날 거야. 한 권의 소설보다 굽은 진실 하나 바로잡는 것이 내 소명임을 알았어."

그만의 특유한 '돌직구' 말투로 침을 튀기며 외쳤던 논리는 과격했지만 정치했고, 빈틈없이 맞아떨어졌다.

그는 석굴암을 두고 상식처럼 통용되는 몇 가지 통설을 신화와 환상이라 규정했다. 그것을 타파하려고 독하게 싸웠다. 예컨대 그 축조에 황금비율이 적용됐다는 주장이나, 동해 아침 햇살이 석굴암 본존불 백호를 비추게끔 설계됐다는 '햇살 신화'는 허황되고 어처구니없는 망발이라는 것이다. 더욱이 목조전실이 없었다거나 광창이 있었다거나 혹은 법당이 샘물 위에 지어졌다는 등은 산중 사찰인 석굴암의 불리한 조건을 놓친 공리공론으로 기성 학계 권력자들이 쓴 소설이었다고 맹렬히 질타했다.

그리고 삼십 년 가까운 세월, 오롯이 한곳으로만 내닫던 그의 주장은 수시로 봇물을 터트렸다. 1997년 〈문화 전사 유홍준의 미덕과 해악〉을 시작으로 〈석굴암을 위한 변명〉, 〈석굴암 바로 알기〉, 〈석굴암 건축 기행〉 등 수 편의 글을 각종 매체에 게재했다. 그러다 1999년 자신의 주장을 집대성한 《석굴암, 그 이념과 미학》을 출간해 독창적인 해석을 인정받아 우수도서로 선정되었다. 그뿐만이 아니다. 2009년 사진전 '석굴암 백 년의 빛'과 2010년 포항 MBC에서 제작한 다큐멘터리 '경술국치 백년, 석굴암 백 년의 진실'은 그가 입술이 부르트도록 발품을 팔아 얻은 결과였다. 그리고 마침내 그동안 석굴암의 원형에 대해 제기된 여러 쟁점을 가상의 법정에 세우는 형식을 빌려, 그 타당성을 가리고자 《석굴암, 법정에 서다》를 출판했다. 기성 학회만의 석굴암을 법정에 세우는 대찬 결기를 보인 것이다. '2014 불교출판문화상 우수상'을 받아 많은 이들의 찬사를 받았지만 외롭고 지난한 길이었다.

그는 질긴 사람이다. 가나오나 석굴암이고, 앉으나 서나 석굴암이었다. 십수 년 전, 어느 늦은 저녁이었다.

"나 지금 서울로 올라가고 있어. 서울역으로 나와 술 좀 사주라! 오늘이 석굴암 참배 백 번을 채운 날이야. 지친다마는 그냥 있을 수 없잖아. 허허!"

두말없이 쫓아나간 나는 꿈쩍도 하지 않는 기존 학계에 대한 그의 푸념을 밤늦도록 들어야 했다. 서울에서 석굴암, 그 거리가 대체 얼마란 말인가. 지척이라도 백 번은 만만찮은 일이다. 그의 고집과 집념에 고개를 숙일 때가 한두 번이 아니었다.

오죽하면 그의 부고가 전해지자 후배 하나는 즉시 석굴암으로 달려갔다고 한다.

"형의 혼백이나마 여기는 들러갈 거 같아 기다리고 있습니다. 석굴암 앞입니다. 형이 그토록 사랑한 석불사에 앉아 있습니다."

그의 석굴암 사랑을 아는 후배가 신문사에 기고한 추모사의 한 구절이다. 절절한 사연이 아닐 수 없다.

자신의 신념과 주장을 위해 반생을 줄기차게 참구한 친구의 전심전력이 탑처럼 우뚝하다. 1,300년 전 신라인의 진심을 밝히려고 있는 힘껏 달렸던 그의 발자국마다 연꽃이 피어나길 간절히 기원한다. 살아 옆에 있을 때도 범상치 않더니 먼 길 떠나고 나니 그의 행적이 더욱 뚜렷하고 찬연하다.

내 친구 낙주야!

석굴암 부처님께 참배하고 토함산을 휘돌아 지금쯤 자네가 당도했을 이견대利見臺 앞뜰이 눈에 선하네. 에밀레종을 치고 만파식적萬波息笛을 불던, 신라인들과 어울린 감포 대본리 앞바다에도 달이 떴는가? 멀리 문무대왕 해중릉이 내다보이는 동해구東海口 언덕에서 그토록 흠모하던 고유섭 선생과 황수영 박사는 만나 뵈었는지. 또 그들의 고준한 말씀을 들으며 몇 번이나 고개를 끄덕였는지 사무치게 궁금하다네.

친구여! 홀연히 떠난 극락정토, 그 청정한 세상에서 편히 쉬게나. 하지만 애통함으로 몸조차 가누지 못하는 아들과 아내, 그리고 자네를 못 잊어 쩔쩔매는 친구들이 눈에 밟히거든 속히 인도환생人道還生하여 살뜰한 인연 다시 이어보세나.

지극한 마음으로 맑은 차를 따르고 향을 사르네! 부디 흠향하시게!

빨강, 도발과 유혹

섬뜩한 핏빛이며 활활 타는 불꽃이다. 강열함에 눈이 부셔 그 눈이 머는 색이다.

빨강Magenta은 파랑 그리고 노랑과 함께 삼원색이다. 빨강을 일컫는 '마젠타'가 왜 이태리 북부 도시 이름에서 유래됐는지 아는 사람은 흔치 않다. 그저 보라 빛이 감도는 빨간색으로 새뜻한 자홍색이다.

빛이 자연에 제공한 선물 중 하나가 색이다. 색은 눈에 보이는 것보다 훨씬 차원 높은 과학적 의미를 인간에게 전달한다. 각양각색의 색들은 자기 고유의 에너지를 지니고 있다. 이 에너지의 이용에 따라 문화와 문명이 윤택해지는 정도가 달라진다. 이런 측면에서 현대를 살아가는 우리에게 색은 매우 중요하다.

빨강은 긍정과 부정의 상반된 이미지를 분명하게 나눠가진 색이다. 지배자에게는 권력의 상징이며, 저항하는 이들에겐 혁명과 반동의 이중성을 지닌 배반의 색깔이다. 붉은색의 시각적 가열성苛烈性은 강인한 인상과 함께 생명력을 나타내는 반면 낭자한 피 흘림 끝에 찾아오는 죽음과도 연관되어 양면성을 지닌다.

생명, 정열, 사랑, 유혹, 욕망, 젊음, 행복, 기쁨, 환희, 자유, 힘, 운동의 밝고 가벼운 한쪽과 죽음, 고통, 위험, 증오, 분노, 흥분, 상처, 금지, 광란, 악마, 자살, 전쟁의 어둡고 무거운 다른 한쪽이 팽팽히 맞서는 색이다. 따라서 밝음과 어둠의 두 가지 심리를 거세게 뒤섞는 표리부동의 색깔이다.

색 중에 가장 강력한 채도를 갖고 있어 어느 색과 만나도 또렷이 자신을 드러낸다. 따라서 색깔의 제왕이다. 기본색의 으뜸이고 무지개 일곱 색 중 첫자리를 차지한다. 색의 중심적 역할을 하면서 우월감과 자존심을 뽐내며 눈부시게 아름답고 고혹적이다.

빨강은 나열하기 힘들 정도로 갖가지 의미를 내포한다. '으뜸과 신성神聖', '벽사辟邪와 기원祈願', '열정과 사랑', '생명과 죽음', '환희와 행운' 등 뜻하는 바가 다채롭다. 그 중 벽사와 기원의 의미는 전통적이며 그 사례가 넘친다.

붉은색은 태양의 빛깔과 피의 색깔을 닮아 신성을 상징한다. 때문에 재앙과 악귀를 몰아내는 신통력을 가졌다고 사람들은 여겼다.

동짓날 팥죽을 쑤어 문에 뿌리거나 시루떡을 쪄서 고사를 지내는 것도 팥의 붉은 색 때문이다. 붉은 색은 양색陽色이므로 음귀陰鬼를 쫓는 효과가 있다. 이처럼 붉은 계통의 팥, 주사朱砂, 주부朱符 등은 벽사의 용도로 자주 쓰였다.

손톱에 들이는 봉숭아물. 간장 속에 띄우는 고추와 숯. 아이를 낳은 후 금줄을 내걸고 문 앞에 황토를 뿌리는 일. 또 갓난아이 정수리에 주사를 바르며, 얼굴에 곤지를 찍고 등에 고추를 매다는 풍습도 붉은 색을 이용해 잡귀를 막고자 함이다. 첫날밤 신랑신부가 덮는 이불도 몸체는 쪽색이지만 깃은 꼭두서니 뿌리를 삶아 붉게 물들여 한껏 모양을 내는 것도 잡귀로부터 보호하려는 벽사의 기능을 취한 것이다.

벽사의 힘은 에너지다. 강열함과 뜨거움이다. 빨강은 이 모든 것을 고스란히 나타내 주변을 자극하고 위협한다.

빨강은 심장의 박동수를 증가시키는 도발과 유혹의 색이다. 불같은 사랑의 도발을 꿈꾸게 하고, 다가서면 안 될 곳을 향한 맹목적 유혹과 욕망을 내보인다. 그러면서도 죽음과 정욕의 날카로운 이빨을 숨기고 있다. '피에 굶주리다'라는 말도 생명을 죽이거나 다치게 하려는 동물적인 욕망과 위험, 그리고 유혹을 가리키는 빨강과 관련된다.

얼마 전부터다. 부쩍 빨강에 눈길이 간다. 그 격렬함과 선연함이 좋다. 나이를 먹으며 풀린 긴장감으로 쫀득함이 사라진 내 삶 탓일까. 한때 지녔던 열망과 사랑의 끝자락을 부여잡고 빛이 바래 옅어진 내 감성에 빨강을 마구 덧칠하고 싶다. 늘어져 물컹해진 나의 신경계가 바짝 격앙되어 통통 튀어 오르길 기대하면서 말이다.

빨강은 욕망을 상징한다 했던가. 붉은 양귀비와 유홍초, 루비와 석류, 눈빛 강한 여인의 새빨간 입술과 선홍빛 드레스. 아직도 그 유혹엔 가슴이 출렁거린다. 하지만 그게 전부다. 뻣뻣하게 굳은 몸으론 빨강을 만질 수 없다. '영원히 사랑스러워'라는 유홍초의 꽃말을 맥없이 되뇐다. 맞다! 빨강은 나이든 사람에겐 속절없는 서운함에 눈물겨운 색이다.

재수 옴 붙다

'아! 맞다! 오늘이 그날이지! 이거 큰일 났네!'
 아침에 일어나 여유롭게 신문을 뒤적이다 퍼뜩 떠오른 생각. 시계를 보니 약속 시간이 딱 한 시간 남았다. 부지런히 서둘러 전철을 탄다 해도 한 번 환승을 해야 하니 40분은 족히 걸릴 텐데 준비는커녕 씻지도 않고 있었다. 아까부터 뭔가 꺼림칙한 게 뒤숭숭했지만 새까맣게 잊고 있었다. 마침 아내마저 집에 없어 누구의 도움도 기대할 수 없었다. 난 튕기듯 몸을 일으켰으나 무엇부터 해야 할지 몰라 갈팡질팡 허둥댔다.
 보름전이다. 모임에서 만난 친구와 등산 한 번 가자고 잡은 날이 바로 오늘이다. 뜬금없는 제안에 망설이던 그를 다그쳐

내가 먼저 한 약속인데 이 지경이 됐으니 말이 아니다.

난 우선 욕실로 뛰어 들어갔다. 급히 물을 틀고 비누를 잡는데 비누가 손에서 미끄러져 바닥으로 떨어졌다. '나 참! 꼭 급할 땐 이러더라!' 엉겁결에 비누를 집으려 고개를 숙이는데 눈에서 불이 번쩍했다. 세면대 모서리에 그만 이마를 부딪치고 만 것이다. 머리가 띵해 그대로 엉덩방아를 찧고 말았다. 피멍이 든 이마엔 금방 밤톨만 한 혹이 솟았다.

하지만 이건 전초전에 불과했다. 수건으로 얼굴을 대충 문지르며 등산 배낭을 챙겼다. 평소엔 잘 하던 일도 급하니 엉망진창이다. 물, 수건, 장갑, 모자, 스틱 등을 담는데 아이젠이 없다. 엊그제 눈이 와서 꼭 필요할 텐데 아무리 찾아도 보이질 않았다. 지체할 틈이 없다. 산 밑에 가서 사면되지 싶어 바로 포기했다. 이때 언뜻 냉장고에 있던 배가 생각났다. 아무리 급해도 과일은 조금 가져가야겠다고 서둘러 깎기 시작했다. 어린아이 머리통만 한 배를 깎는 일이 만만치 않았다. 그때, 섬뜩한 기운이 머릿속을 콱 후비며 진저리가 쳐졌다. 예리한 칼끝이 왼손 검지 두 번째 마디를 푹 찌른 거였다. 잡았던 배는 개수대로 떨어지고 그 위로 붉은 핏물이 뚝뚝 번졌다. '이런, 제기랄!' 얼른 오른손으로 상처를 감싸 쥐고 약장 서랍을 열었다. 있던 반창고가 보이질 않았다. 이리저리 뒤지는데 이번엔 서랍이 통째로 빠지더니 발잔등을 찧으며 속엣 것들이 온통 방바닥에 나뒹굴었다. 난감했다. 눈물이 핑 돌 만큼 아팠지만 개의할 시간이 없었다. 난 겨우 대일밴드 하나를 찾아 손가락에 두른 후, 쏟아진 물건들을 서랍에 쑤셔 넣고 허겁지겁 집을 나섰다.

급하면 승강기도 늦게 오는 법, 침착하자고 속다짐을 하며 심호흡을 했다. 1층 현관문이 열렸다. 급히 걸으며 친구에게 연락을 하려고 핸드폰을 찾았다. '아뿔싸! 도대체 이를 어쩌나!' 이번에는 핸드폰이 없다. 아까 약장 서랍에 쓸어 넣은 것이 분명했다. 당장 연락을 해야 하니 아무리 촌각을 다툰다 해도 그냥 갈 수는 없다. 난 다시 집으로 올라가 핸드폰을 찾아 친구에게 기다려 달라고 사정을 하며 지하철역으로 내달렸다.

하늘도 무심하다. 개찰구를 나와 승강장을 향해 뛰는데 사람들이 물밀듯이 올라오고 있었다. 방금 도착한 차가 사람들을 부리고 막 떠나는 거였다. 불운은 꼬리를 물었다. 환승할 때도 행운은 등을 돌렸다. 이미 약속 시간은 지났고, 맥이 탁 풀리며 한숨이 새나왔다. 지하철 안에서조차 뛰고 싶었다. 초조한 맘에 안절부절 못하고 있는데 핸드폰이 울렸다. 약속 장소에 이미 와 있던 친구의 다급한 목소리가 귓전을 때렸다.

"이봐! 오늘 등산은 아무래도 힘들겠어. 아침까지 멀쩡하시던 장모님이 천식발작으로 급히 응급실엘 가셨다네. 방금 집

사람에게 연락을 받았어. 나 바로 병원으로 가야겠네. 다시 연락함세."

머릿속이 어질했다. 갑자기 대일밴드를 붙인 손가락이 쿡쿡 쑤셔댔다.

약속한 역에 도착했다. 친구는 가고 없었다. 혼자였지만 등산을 강행했다. 배낭에다 등산복까지 차려입고 천신만고 끝에 여기까지 왔는데 이대로 돌아갈 순 없었다. 게다가 아침부터 휘젓는 불운의 돌풍을 가라앉힐 시간이 필요했다. 천천히 산길을 걷고 싶었다. 하지만 이것마저 좋은 생각이 아니었다.

등산로는 초입부터 눈길이었다. 새로 산 아이젠을 착용하고 두어 시간을 걸어 저만치 정상이 보이는 곳에 이르렀다. 자주 오는 산이건만 오늘따라 유난히 힘에 부쳤다. 그 탓이었을까? 숨을 헐떡이며 나무계단을 오르는데 느닷없이 다리에 힘이 풀리면서 픽하고 옆으로 넘어졌다. 어디에 부딪친 것도 아니고 눈에 미끄러진 것도 아니다. 그냥 맥없이 털썩 주저앉았는데 발목이 접질렸는지 꼼짝할 수가 없었다. 디딜 때마다 뜨끔거렸다. 어이가 없었지만 더 이상 올라갈 수가 없었다. 내려가야 할 일이 아득했다. 삐거나 부러진 것은 아니지만 걸을 때마다 등짝에 땀이 밸 정도로 통증이 심해 절뚝거리며 하산했다. 시간이 배나 걸려 사방은 이미 어둑해졌다.

점심도 먹지 못하고 집에 오니 오늘따라 저녁이 늦었다며 아내의 손길이 부산하다. 속이 쓰릴 만큼 배가 고파 자꾸 주방 쪽을 바라볼 때였다. 핸드폰 벨이 울렸다.
"나야! 결국 장모님이 돌아가셨다네."
아까 천식발작으로 응급실로 실려 가신 친구의 장모님이 돌연 운명을 하셨다는 소식이었다. 나쁜 일은 깡패처럼 몰려다닌다더니 도대체 이건 또 무슨 일인가. 난 저녁도 먹지 못한 채, 부은 발목에 파스를 붙이고 차를 몰아 장례식장으로 향했다.
'병원 주차장은 왜 맨날 이렇게 복잡한 거야?' 주차할 장소를 찾지 못해 두서너 바퀴를 돈 나는 겨우 구석진 자리를 발견하며 짜증 섞인 소리로 중얼거렸다. 이때였다. 조심스레 후진을 하는데 갑자기 찌지직하는 기분 나쁜 소리가 들렸다. 기둥을 의식하지 못한 채 뒤만 쳐다보다가 사이드미러가 기둥에 부딪혀 꺾이면서 너덜너덜 매달리는 거였다. 기가 막혔다. 숫제 오늘 하루가 무서웠다. 또 무슨 불운이 기다리고 있을지 몰라 부지런히 문상을 마치고 곧장 집으로 돌아왔다. 배는 고파도 입 안이 소태였다. 겨우 한술을 뜨고는 방으로 들어왔다. 방바닥에는 아침에 읽던 신문이 그대로 널려있다. 개킬 힘조차 없어 한쪽으로 밀어 놓고는 침대에 벌렁 누었다. 발목의 통증이 뻗치듯 무릎까지 휘감고 손가락도 다시 욱신거렸다.

급할수록 돌아가라 했거늘 누굴 탓하랴. 나이를 먹어도 천성은 어쩔 수 없다. 덤벙대는 습성을 고치지 못해 노상 이 모양이다. 마음은 팔랑개비 그대로인데 몸만 둔해지니 이젠 피할 길도 없다. '서둘면 도달하지 못한다(欲速不達)'는 말을 입에 달고 살아도 머리로만 알 뿐, 몸뚱이는 제멋대로다. 반성도 거듭되면 버릇이 된다 했던가. 오늘도 재수에 옴 붙었노라 일진(日辰)만 타박하며 그냥 또 무심하다.

온몸이 느른하고 눈이 감긴다. 길고 고약한 날이 저물고 있다. 다행이다.

부끄러움, 땅에 처박히다

 신화적 상징에서 아담과 이브가 이성을 갖추고 난 뒤 수치에 사로잡히면서 인류 역사가 시작되었듯, 인간은 뭇 동물들 가운데 얼굴을 붉히는 유일한 종이다. 만약 얼굴을 붉힐 만한 일을 경험하게 되었을 때 우리는 '낯'이 뜨거워지고, 이러한 '체면'을 살피지 못하면 '후안무치'나 '철면피'라는 모욕을 듣는다. 그래서 '쪽팔리다'라는 속어는 우리가 얼마나 수치라는 감정을 중시하는지를 잘 드러낸다.

 요즘 읽은, 이창일의 《수치 — 인간과 괴물의 마음》(수수밭, 2021)이란 책의 출판사 서평에 담긴 구절이다.

며칠 전, 혼자 등산을 갔다가 겪은 일이다. 느닷없는 신음소리, 집채만 한 바위 언저리에서 얼핏 까닭 모를 소리가 들렸다. 괴이한 소리에 발걸음을 멈추자 반복적인 소리는 더 선명해졌다. 고통으로 허덕이는 덩치 큰 짐승의 콧김 소리 같기도 하고, 거친 황소의 투레질 같기도 했다. 이 무슨 뜬금없는 일일까. 서울 근교 산에 위협적 짐승이 있을 리는 없는데, 겁에 질린 나는 주변을 살피며 스틱을 잡은 손아귀에 힘을 꽉 주었다. 한여름 오후, 어스름 산길에서 들린 난데없는 소리에 신경을 곤두세우며 바짝 긴장했다.

시도 때도 없이 붐비는 서울 청계산. 일주일이면 어김없이 두어 번 오르내리는 곳이다. 나의 등산코스는 일정하다. '청계산역'에서 시작해 매봉에 올랐다가 옥녀봉을 거쳐 진달래능선으로 하산한다. 진달래능선은 길도 순하고 조망이 아기자기해 혼자 다녀도 심심치 않다. 근데 능선을 따라 절반쯤 내려오다 보면 철제 울타리가 가로막고 있어 거기서부턴 계곡을 따라 내려와야만 한다. 이태 전인가, 막힌 능선길이 궁금해 발밤발밤 울타리를 넘어 내려왔던 적이 있다. 앞선 사람이 있었던 탓에 철책에는 사람이 드나들 수 있는 작은 틈이 있었다. 인적이 드문 그곳엔 자취만 남은 산길이 호젓했고, 여기저기 무덤들이 널려 있어 스산한 기운마저 감돌았다. 하지만 고적한 정취를 만끽하기엔 안성맞춤이었고 요즘 같은 역병 시절엔 잠시라도 마스크를 벗을 수 있어 자주 찾는다.

그날도 습관처럼 이 길을 택했고, 오솔함을 느끼며 톡톡톡 스틱에 힘을 주면서 내려오고 있었다. 바로 그때 이 기이한 소리와 맞닥뜨린 거였다. 머리가 쭈뼛거리고 발끝까지 소름이 돋았다. 마른 침을 삼키며 몇 걸음 옮겼을 때다. 기절초풍, 갑자기 오금에 힘이 쭉 빠졌다. 바위 밑 잔솔 사이 좁은 빈터에 놀라자빠질 광경이 펼쳐져 있었다.

큼지막한 불곰 한 마리가 땅바닥에 엎어진 채 버둥대고 그 잔등에는 시퍼런 용이 꿈틀거리고 있었다. 도대체 저게 뭐지? 순간 정신이 어리친 나는 얼른 상황 판단이 되지 않았다.

그 불곰은 다름 아닌 사람이었다. 100kg이 족히 넘을 엄청난 덩치에 검붉은 등짝을 내보이고 엎딘 벌거벗은 사내였다. 섬뜩한 용문신은 목에서 시작해 몸통 전체를 휘감다가 두 넓적다리 사이로 꼬리를 감췄다. 부둥켜안은 여자는 숫제 보이지 않았다. 외로 돌린 머리와 두 팔이 사내의 몸통 사이로 짬짬이 드러났다. 상상도 못 할 장면에 난 그만 장승처럼 굳었다. 오도

가도 못한 채, 난감한 상황을 내려 볼 뿐이었다.

참말로 어처구니가 없다. 아무리 사람의 왕래가 뜸하다 해도 벌건 대낮인데, 길과 불과 댓 걸음 떨어진 곳에서 벌어진 이 과감한 야합野合은 보면서도 믿기지 않았다. 그때다. 불곰도 무슨 낌새를 느꼈음인지 불쑥 고개를 쳐들고 바위 위를 올려다봤다. 나와 눈이 딱 마주친 그는 사람이 아니었다. 놀라기는커녕 천연덕스럽게 턱을 옆으로 까딱이며 어서 비켜가라는 듯 눈을 흡떴다. 조금도 주저함이 없는 뻔뻔한 그의 행동에 난 그저 아연해 머리마저 띵했다.

"아이쿠! 죄송합니다."

눈 둘 데가 없던 나는 얼떨결에 몸을 돌려 허둥지둥 산길을 내려왔다. 오히려 내가 더 민망해 얼굴이 달아오르고 가슴이 두근거렸다. 평소와는 달리 서너 번이나 미끄러지고 자빠지면서 겨우 산을 내려왔다. '못났다, 정말 참 못났어! 대체 왜 내가 제깐 놈에게 죄송하단 말인가.' 얼결에 내뱉은 말이 속상해 솟구친 화가 가라앉지 않았다.

불곰의 돼먹지 못한 도발은 여기서 끝난 게 아니다. 산 밑 주점에서 막걸리로 목을 축이고 있을 때였다.

"어이 사장님! '특황제삼계탕' 두 그릇에 소주 한 병 주쇼."

남자의 쉰 듯 걸쭉한 목소리가 들렸다. 무심히 돌아보다 나는 흠칫했다. 여자를 앞세우고 들어온 사내는 바로 그 불곰이었다. 다시 마주친 그는 나를 안다는 듯 히죽대며 검지와 중지를 펴 눈썹 위 이마에 댔다 떼고는 눈을 찡끗거렸다. 시치미를 뚝 따고 보란 듯이 들어와 자리를 잡는 두꺼운 낯가죽에 나는 몸서리가 쳐졌다. 잘하면 술병을 들고 와 같이 한잔하자고 너스레를 떨 판이었다. '천하에 불상놈 같으니라고! 세상에 저런 철면피가 또 어디 있단 말인가?' 우연찮지만 예까지 쫓아와 태연자약 손끝 경례를 붙이는 불곰의 표정이 침을 뱉어주고 싶을 만큼 메스껍고 불쾌했다. 나는 청계산에서 몰염치와 후안무치가 만든 흉측한 괴물을 보았던 것이다. 잔을 급히 비운 나는 서둘러 술집을 빠져나왔다.

"수치는 인간이 짐승과 다른 존재가 될 수 있는 '정신의 댐'이며, 이 댐은 금수와 인간이 공유하는 리비도libido의 흐름을 통제해 인간을 만든다."(앞의 책, 10쪽)고 했다.

윤리는 최소한의 사회적 합의다. 대부분의 사람은 사회화 과정에서 이러한 규범을 일종의 상식으로 내면화하며, 그것이 어긋나면 심리적인 규제를 가하게 된다. 이때 전제되는 심리가 바로 수치심이다. 그리고 동서고금을 막론하고 수치는 신뢰와 함께 개인을 평가하는 기준의 하나다. 인간만이 지니고 있는 수치심, 괴물이 되지 않기 위해 사람이 갖춰야 할 최소한의 조건인 이 부끄러움을 팽개칠 때, 우린 인간이기를 포기하는 것이 아닐까.

요즘 우리 사회는 점차 수치심이 뭉개지고 있다. 모든 가치가 숫자로 환산되고, 사람의 관계도 승패와 손익이 좌우하며, 부끄러움이 자기 약점에 대한 자백으로 받아들여진다. 따라서 남에 대한 존중과 타인의 기대를 충족시키지 못하는 데서 오는 부끄러움이 너무 쉽게 마비되고 무뎌진다.

부끄러움이 사라진 시대다. 정치인과 기업인은 물론 성직자들마저도, 늙은 사람 젊은 사람 남녀를 막론하고 어린아이까지도, 마치 '누가 누가 잘하나?' 경연장을 방불케 하고 있다. '죽는 날까지 하늘을 우러러 한 점 부끄러움이 없기를' 소망했던 윤동주의 반짝이던 시구는 '파랗게 녹이 낀 구리거울'처럼 공허하게 남아 있다. "부끄러움을 모른다면 더 이상 사람이라고 할 수 없다."는 맹자의 경구가 점점 더 멀고 아득해지고 있다.

내 안의 물고기

《내 안의 물고기》는 내가 감명 깊게 읽은 책의 제목이다. 고생물학자 닐 슈빈Neil Shubin이 북극에서 발 있는 물고기 '틱타알릭Tiktaalik'의 화석을 발견해 학계를 놀라게 한 후, 인체의 역사를 추적해 기록한 책이다. 물고기에서 인간까지 35억 년 진화의 비밀을 풀어낸 이 글은 단세포에서 다세포로, 또 물에서 육지로 생명의 대전이가 일어났음을 설명하고, 우리 몸속에 고스란히 새겨진 물고기의 특성과 바다의 흔적을 매혹적으로 이야기하고 있다.

박테리아와 벌레, 그리고 물고기에서 찾아낸 인간 신체 구조의 기원! 예를 들어 물고기 지느러미와 너무 닮아있는 인류의 손과 오래전에 멸종된 무악어류無顎魚類와 똑같이 생긴 우리의 머리까지, 우리 안에 물고기의 자취가 남아 있다고 주장하면서, 현재 물고기에는 없고 인간에게만 있는 딸꾹질과 탈장, 그리고 수면 무호흡을 인간이 물고기에서 '업그레이드'된 확실한 표시라고 내세웠다.

책을 읽으며 나는 수없이 고개를 끄덕였다. 바다야말로 인류 탄생에 절대적으로 관여했을 거대한 모체의 자궁임을 확실히 알게 되었다.

바다가 생명 탄생의 생산적 공간이란 견해는 이미 우리 문학이나 신화에도 얼마든지 있다.
책을 보는 도중 김춘수의 시 〈봄 바다〉가 자꾸 되뇌어졌다.

> 모발을 날리며 오랜만에
> 바다를 바라고 섰다.
> 눈보라가 걷히고
> 저 멀리 물거품 속에서
> 제일 아름다운 인간의 여자가
> 탄생하는 것을 본다.

또한, 고려 왕조가 시조 왕건의 할머니를 용녀龍女라 부르며 그 출생지를 서해라고 한 까닭도 떠올렸다. 그것은 장차 기틀을 잡아갈 왕국의 번영과 힘의 원천을 바다에서 구하고자 한 발상이 아니었을까. 분명 고려인들도 바다가 왕국의 성스러운 발상지로, 또는 바다 속에 그와 같은 성역이 존재한다는 충분한 상징성을 인정하고 있었던 것은 아닌지 다시 한 번 생각해 보았다.

내게도 바다는 늘 상실에 대한 재생의 공간이었다. 서울에서 태어난 나로선 언제나 손님처럼 찾아갔다 돌아오는 곳이지만, 지금도 뚜렷하게 기억나는 세 번의 바다가 있다. 세 번 다 상실의 절망을 지니고 갔다가 딱지 앉은 상처를 보듬고 돌아왔다.

스물두 살, 입대 영장을 받아놓고 찾아간 태안 앞바다! 때마침 영문 모를 뜻밖의 이별 통보, 도리 없던 나에겐 청천벽력이었다.
온종일 막막하게 바라봤던 바다는 바짝 마른 가슴을 시리게 했고, 비릿한 갯내는 나를 먹먹하게 만들었다. 개펄은 석탄 반죽처럼 질펀하고 저녁 안개를 헤치고 몰아치는 해풍은 축축했다. 붉은 노을에 젖은 바다가 짐승처럼 흐느꼈다. 자꾸만 머리를 비비며 달려드는 파도를 해안은 하염없이 쓰다듬고 있었다. 세월은 과연 나를 얼마큼이나 도와줄 수 있을까 생각하며 눈물을 삼키고 돌아섰다. 쉼 없이 불어대던 바람이 나의 등을 쓰다듬으며, 역풍을 맞아야만 솟아오르는 연鳶의 이치를 자상히도 알려 주었다.

두 번째 바다는 강원도 속초항이다. 오월, 형의 죽음을 겪고 그해 가을 찾아간 바다였다. 형의 처가妻家가 멀리 보이는 항구에서 불빛은 물기 어린 눈 속에서 길게 번졌다. 까만 밤바다는 파도를 잘게 부수고, 짜고 쓴 삶의 조각들은 파도를 따라 일렁거렸다. 제방에 우두커니 앉아 바라보던 울긋불긋한 네온사인. 모텔 산타루치아 503호는 밤바다가 훤히 내려다보였다. 자리에 누워 창문에 뜬 달을 보며 형과의 추억을 곱씹었다. 밤은 깊어 가도 생각은 좀처럼 눕질 않아 하얗게 밤을 밝혔다.

상실의 아픔은 겪어봐야 비로소 절절해진다. 그럴 땐 이별을 읊은 유행가 가사조차도 손톱에 박힌 유리 조각처럼 아프다. 지친의 죽음은 '아픔'이란 단어로 설명되지 않는다. 형이 남기고 간 죽음의 충격은 내 삶에 무거운 낙진落塵이 되어 오랫동안 목을 조였다. 처연히 들리던 파도 소리는 밤새도록 내 가슴을 훑어냈지만, 그래도 모든 것은 흘러간다고, 다만 시간이 좀 걸릴 거라고 나지막한 음성으로 타일러 주었다.

세 번째 바다는 몇 해 전, 갑자기 세상을 떠난 친구를 묻으며 바라본 바다다. 전라도 부안 어디쯤 소복을 입고 오열하는 친구의 아내 모습과 겹치며 기억하는 처절한 바다다.
"아름다운 건 다 너무 짧아!"
병상에 누워있던 친구는 모든 것이 저리도록 아름답다고 말했다. 자기의 삶도 짧은 줄 모르고 피식 웃었다. 하늘은 시리도록 파랗고, 바다는 짙고 옅은 초록색이 띠처럼 길게 이어져 있었다. 초겨울 햇살에 반짝이는 바다 위로 작은 섬들이 외롭게 둥둥 떠돌았다.
친구가 묻힌 산은 바다에 막혀 몸을 사리고, 바다는 그 산을 향해 끊임없이 철썩거렸다. 붉은 해는 뉘엿뉘엿. 산과 바다는 아무 말이 없는데, 비감에 취한 사람들이 지레 휘청거렸다. 아마득한 바다는 어둠 속으로 몸을 감추며 이젠 그만 돌아가라고, 산 사람은 어쨌든 살아야 한다고, 우리의 여린 등을 살뜰하게 다독였다.

나는 《내 안의 물고기》의 마지막 책장을 덮으며 힘들 때마다 바다를 찾았던 것이 우연이 아님을 깨달았다.

지인 중에 어떤 분은 꿈에 고향을 보면 몸이 아프다는 사람이 있다. 그것은 필시 고향을 꿈에 보았기 때문에 아픈 것이 아니라, 몸이 아파오면서 나약해진 심신이 꿈속일망정 고향을 찾았던 것은 아닐까. 마치 우리가 힘겹고 어려울 때마다 푼더분한 어머니의 품속을 그리는 것처럼 말이다.

바다는 피안과 영원을 상징하고 어떤 것도 가리지 않는 긍정과 수용을 나타낸다. 게다가 바다는 율동적이다. 달과 약속한 조수의 들고 남, 그리고 바람과 함께 뒹구는 크고 작은 파도. 바다의 역동성은 하늘 못지않은 경외감을 불러일으킨다. 모든 생명을 배태하고 품었다가 쏟아 내주는 자애롭고 덩치 큰 어머니다.

바다여! 바다여! 내 생명의 본향이며 깊고 넓은 어머니여!

며느리 복은 하늘이 준다는데

친구 아들의 결혼식 날이다. 달포 전, 모임에서 청첩장을 돌리던 친구는 며느리가 들꽃처럼 예쁘고 공손해 마음에 쏙 든다며 입에 침이 말랐다.

"요즘 애들 만만치 않다. '며느리 들이는 날이 오라지는 날이고, 손주 새끼 얻는 날이 경치는 날'이라는 것도 모르냐? 상전上典도 그런 상전은 없다."

이미 며느리를 본 친구들의 타이름에도 개의치 않고 싱글벙글 벌린 입이 귀에 걸렸다.

결혼식장이 먼 탓에 서둘러 버스를 탔다. 버스는 한산했다. 자리를 잡고 앉자 내 또래쯤 보이는 부부가 바로 뒷자리에 앉앉다. 입성을 보니 밥술깨나 먹는 것 같았다. 앉자마자 궁싯거리며 이야기를 시작했고, 나는 그걸 고스란히 들어야 했다.

"막내가 하는 말에 아마 형수도 식겁했을 거야. 아무리 뻔뻔해도 자기가 한 말이 있는데 이제 와서 어쩌겠어?"

"어디 그런다고 눈 하나 깜짝할 사람이유? 진작부터 동네방네 요양원은 다 알아봤을 게 틀림없어요. 아까 막내 서방님 쳐다보는 서슬 퍼런 눈을 못 봤어요?"

"당신 말이 맞아! 눈빛만 아니라 말투도 뾰족하더구먼. 그러니까 그게 벌써 9년 전 일이네. 자기도 이젠 환갑이 다 됐고 지차之次들도 자식인데 장남만 부모 모시란 법 있냐며 각기 3년씩 맡아주면 그 다음은 자기네가 책임진다고 시동생 셋을 앞혀놓고 땍땍대던 모습이 눈에 선하네 그려. 그리고 그 이듬해였던가. 시류時流를 따르자며 기제사는 물론 명절차례마저 모두 없앴잖아. 참, 대단한 양반이야."

"그때 어머니 연세가 여든 하나였어요. 아무리 장수 시대라곤 하지만 구십을 넘길 줄은 몰랐겠지요. 셋 다 모셨으니 이젠 알아서 하라고 막내 서방님이 을러대자 눈을 착 내리깔고 방바닥만 쳐다보는 모습이 볼 만하더라고요. 당신도 꽤나 신나하던데 안 그래요?"

"당신 말이 맞아! 묵은 체증이 다 내려가더라고."

주변을 전혀 의식하지 않은 채 부부는 서로를 부추기며 떠들어댔다. 대체 뭐가 그리 신이 난다는 건지. 나는 의자에 머리를 기대며 눈을 감았다. 듣자 하니 어머니 부양 문제로 형제들이 모였다가 집으로 가는 길 같았다.

"아버지가 돌아가자마자 장남이라고 집도 땅도 다 차지해놓고는 오늘 딱 입 다물고 있는 형 봤지? 형수 눈치나 보며 끽소리 못하는 형이 더 속을 뒤집는다니까."

"그래도 어머닌 장남밖에 없어요. 다른 형제들은 발꿈치의 때만큼도 안 여기신다니까요."

"당신 말이 맞아! 그래서 내가 늘 서운해 했잖아. 그건 그렇고 그때 내가 머리 하난 잘 썼지. 막내가 먼저 모시겠다는 걸 내가 잽싸게 선수 친 건 지금 생각해도 잘한 일이야. 우리 집에 계실 때만 해도 어머니가 아이들 도시락까지 싸주셨잖아. 셋째한테 계실 때도 그럭저럭 기동은 하셨는데 막내한테 가서 갑자기 쇠약해지고 정신까지 오락가락 하셨어. 그러고 보면 막내가 제일 고생했지. 그래서 아까도 형수한테 목청을 높였던 걸 게야."

"매도 먼저 맞는 놈이 낫다고 여하튼 당신 잔머리는 알아줘야 해!"

같이 협잡한 꿍꿍이가 맞아 떨어진 듯 손뼉까지 치며 웃어재꼈다. 저렇듯 속없이 낄낄거릴 일일까. 게다가 말끝마다 '당신 말이 맞다'는 남자의 추임새도 듣기 거북했다.

"이제 얼마 안 있으면 치매노인을 집에서 어떻게 모시냐며 요양원에 보내겠다는 통보가 올 거에요. 그리고 정확히 4등분한 청구서도 꼬박꼬박 도착할거구요."

"설마 그렇게까지 하겠어. 만약 그러면 셋째나 막내도 가만 안 있을걸."

"가만 안 있으면 어떻게 할 건대요? 다시 우리 집으로 모셔올까요?"

일순 두 사람은 잠잠했다. 네댓 정거장을 소리 없이 가던 여자가 다시 입을 열었다.

"죄받을 소린지는 모르겠지만, 이쯤해서 어머니가 훌쩍 떠나주시면 얼마나 좋겠어요. 아흔이면 어디 적은 나이예요? 사실만큼 사셨으니 고생 안 하고 가시는 것도 괜찮잖아요? 병치레 없이 돌아가시면 두루두루 얼마나 편하겠어요. 하긴 이런 일이 어디 맘대로 되는 일인가 뭐. 쯧쯧…"

난 내 귀를 의심했다. 9년이나 짐짝처럼 예다제다 끌고 다니다가 이젠 훌쩍 떠나주면 좋겠다니 아무리 메마르고 모진 시대라 해도 며느리가 할 말은 아닌 것 같았다. 더욱이 제 남편 앞에서 할 소리란 말인가. 번번이 맞장구를 치던 남자도 이번에는 어이가 없는지 거친 숨만 내쉬고 있었다. 요즘 항간에 떠

도는 우스갯소리에 '재수 없으면 백 살 산다'는 말이 있다. 아마도 고단한 삶을 감당할 수 없는 노인들의 자조 섞인 탄식은 아닐는지. 준비 없이 닥쳐온 백세시대가 안타깝고 난감하다.

결혼식이 시작됐다. 말끔한 신랑과 들꽃 같은 신부가 그림 속 인형 같다. 서로 사랑하고 부모님께 효도하라는 주례말씀이 구구절절 지당했으나 왠지 내게는 공허하게 들렸다. 신랑신부가 양가 부모님께 인사를 드리는 시간이다. 다소곳이 고개를 숙이며 얌전히 웃는 신부의 모습은 공손하기 그지없었다. 부디 오늘만 같으면 얼마나 좋으랴. 축복의 박수 소리가 식장을 가득 메웠다. 며느리 복은 하늘이 준다는데, 친구에게도 그 복이 오래도록 담뿍하길 기원해 본다.

4부
쫀득한 장수 비결

애기똥풀

눈을 질끈 감고 계셨다. 잔뜩 찡그린 눈가는 주름투성이다. 어금니를 꽉 다문 채 입술을 깨물고, 두 손은 침대 마구리를 있는 힘껏 쥐셨다. 고통을 참는 듯 목을 뒤로 젖혀 목울대가 불쑥 솟고 거칠게 숨을 몰아쉬셨다.

"아직도 그렇게 심하게 아프세요?"

아버지는 한 손을 들어 가로 저으며 천천히 목을 떨구고 진저리를 쳤다. 발에까지 힘을 주는지 이불 밖 발가락이 바짝 옴츠러져 있다. 잠시 후, 한고비가 지나간 듯 온몸에 힘이 풀리고 안색이 돌아왔다.

나흘 전 아버지가 맥없이 무너졌다. 얼마 전부터 조금씩 허청대던 99세 아버지가 오래된 탑이 허물어지고 낡은 집이 내려앉듯 침대에서 내려오다 풀썩 주저앉았다.

"고관절이 박살이 났습니다. 한시라도 빨리 수술을 해야 하는데, 워낙 고령이라…. 무엇보다도 마취가 문젭니다. 불안하시면 대학병원으로 옮기시던가요."

십수 년 전 아버지 허리 수술을 담당했던 의사가 걱정스레 말했다. 망설였지만 괴성에 가까운 아버지 신음에 선택의 여지가 없었다. 급하게 각종 검사를 하고 너덧 시간 만에 수술대에 올랐다. 아무래도 전신마취는 불안하다며 하반신 마취만 하기로 했다. 수술 시간은 예상대로 지체됐지만, 의식은 또렷한 상태로 수술을 마쳤다. 요도 삽관을 해, 속옷을 입을 수 없어 오롯이 간병은 아들인 내 차지가 되었다.

이젠 마취에서 깬 지 이틀이 지났고 수액을 타고 끊임없이 진통제가 들어가고 있어 통증은 그럭저럭 참을 수 있을 거라며 의사가 회진을 마치고 돌아갔다. 그런데 잠시 후, 다시 온몸에 힘을 주며 고통을 참는 낯빛으로 두 주먹을 꽉 쥐셨다. 이마엔 땀까지 송골송골 맺혔다. 간호사를 불러오니 그사이 다시 평온을 되찾은 듯 잠자코 눈을 감고 계셨다.

요도 삽관을 살피던 간호사는 소변도 잘 배출되고 통증도 웬만하실 텐데, 왜 자꾸 저러시는지 고개를 갸우뚱했다.

"변을 보신 적이 있나요?",

"아니요, 아직…"

"수술한 왼쪽 다리는 절대 움직이면 안 되니 기저귀를 채워 놓으세요. 당분간 변을 받아내야 합니다. 뒤처리할 때도 수술한 다리를 조심하세요."

간호사는 몇 번을 당부했다.

또다시 앓는 소리가 들렸다. 얼굴이 벌겋게 상기된 아버지가 나를 올려다 보았다.

"어떡하지? 변이 보고 싶은데, 이를 어쩌면 좋으냐?"

아버지는 입술을 깨물며 있는 힘껏 참고 계셨다.

"아버지, 그냥 하시면 돼요. 편하게 기저귀에 바로 하세요."

울상을 짓는 아버지의 표정은 차라리 애처로웠다. 이윽고 맥을 놓듯 푹하니 몸이 풀렸다. 배변을 하신 거였다. 그동안 여러 차례 온몸에 힘을 주며 용을 썼던 것은 통증 때문이 아니라 차마 그대로 할 수 없었던 변을 참기 위한 몸짓이었다.

왼쪽 허벅지를 전혀 움직일 수 없으니 뒤처리가 난감했다. 기저귀를 억지로 빼내고 물티슈로 수십 번 닦아냈다. 허리를 숙인 채 닦고 또 닦아도 도무지 개운치 않았다. 땀이 비 오듯 쏟아졌다. 간신히 새 기저귀를 채우며 일을 마무리했다. 두 사람 모두 처음 겪는 일이라 당황했지만 생각보다 역하거나 거슬리지 않았다. 막상 처리를 하다 보니 비장한 마음에 단단한 결의마저 느껴졌다. 어떡하든 무심하게 보여 아버지의 마음을 다독이고 싶을 뿐이었다.

"너 볼 낯이 없다. 머리가 허연 사람에게 이런 일까지 시키다니…."

고개를 돌려 벽 쪽을 향해 있던 아버지 눈에선 주르륵 눈물이 흘렀다.

"괜찮아요. 아버지! 우리 어려서 오줌걸레, 똥걸레 빨아 대신게 얼만데 이걸 가지고 그러세요. 이까짓 거 상관없어요. 하시고 싶으면 언제라도 참지 말고 하세요."

아버지는 한동안 눈을 뜨지 않으셨다.

이후에도 그 시간만 되면 전전긍긍 애를 쓰셨다. 평생토록 남에게 흠 한 번 잡히지 않도록 조심하신 분이다. 자식들에게도 깐깐하게 훈육하며 말 한마디도 함부로 하지 않으셨다. 그런 분이 비록 자식일망정 아랫도릴 내보이며 속수무책 창피함을 무릅써야 하다니 그 못마땅한 심사와 복잡한 속내가 짐작이 가고도 남는다.

아들이 어렸을 적이다. 개천가를 걷다가 노랗게 핀 애기똥풀을 꺾어 준 적이 있다. 가지에서 균색 즙액이 애기 똥과 비슷하다는 노란 풀꽃 말이다. 신기해하던 아이가 '애기똥풀'이라고 알려주니 눈을 찡그리며 냅다 던졌다. '똥이 촌수 가린다'는 말이 있다. 그 당시 내게 아들의 똥은 싸기만 해도 신통하고 기특했던 시절이었다. 이튿날 아들이 할아버지 병문안을 왔다. 마침 나는 아버지의 변 수발을 들고 있었다. 수습을 하다 돌아보니 아들은 코를 쥔 채 어느 틈에 밖에 나가 있었다. 2촌만 되도 언짢아 가리는 게 변인가 보다.

아버지는 일을 치르고 나면 한식경이나 말없이 눈을 감고 계셨다. 태연한 척 말을 걸어도 대답이 없으시다. 저무는 해가 병실 안을 기웃거릴 때였다.
"애비야, 재수 없으면 백 살을 산다더니 내가 바로 그 꼴 아니냐. 만나 볼 친척이 있나, 보고 싶은 친구가 있나, 다 세상 뜨고 없으니 생각할수록 허망해. 기력이 없어 꼼짝도 못하니 도대체 왜 사나 싶다. 게다가 이런저런 병치레로 가족들 고생이나 시키고 일흔이 다 된 자식에게 이런 수발까지 시키니…, 이젠 정말 사는 게 지루하고 답답해. 그저 남들만큼만 사는 게 복이다.

나도 이 지경까지는 살고 싶지 않았는데, 도대체 방법이 없으니 어쩌면 좋을지, 쯧쯧."

돌아 누운 채 혼잣말처럼 하시는 아버지의 푸념엔 어떤 대꾸도 할 수 없었다.

"왜 그러세요? 한숨 푹 주무시고 나면 좋아지실 거에요."

기껏 애꿎은 베개만 돋우며 이불귀를 눌러 드릴 뿐이다.

과연 사람은 언제까지 살아야 적당한 것일까. 수명연장에 따른 온갖 병마. 무료함, 소외감, 외로움, 게다가 인지장애까지 노인들에게 달려드는 고통의 파고는 험하고 드세다. "신은 인간을 채찍으로 다스리지 않는다. 시간으로 다스릴 뿐이다."라는 쇼펜하우어의 경구가 예리하고 섬뜩하다.

늙음과 죽음, 인간이 필연코 질 수밖에 없는 싸움에서 어떡하면 품위 있고 슬기롭게 백기를 들 수 있는지, 그리고 그 시간은 언제가 합당한 것인지. 죽는 게 사는 것보다 낫다는 생각이 들 때까지가 우리가 살아야 할 수명일 텐데, 그것이 어디 맘먹은 대로 되는 일인가. 아버지의 찐득한 눈가를 보며 알맞은 수명의 한계를 새삼 생각해 본다.

쫀득한 장수 비결

'띠띠띠띠'

번호키를 누르자 '찰칵' 문이 열렸다. 저녁 드실 시간인데 불도 켜지 않은 채 온 집안이 괴괴하다. 연락도 없이 어디 가실 일은 없다. 안방 문을 여니 어머니는 벽을 향해 누워계셨고 어둑한 건넌방엔 아버지가 우두커니 앉아계셨다. 냉랭한 분위기, 살얼음이 끼고 찬바람이 불었다. 또 한바탕하신 게 분명하다.

아버지는 올해 아흔여덟, 어머니도 아흔을 훌쩍 넘겼다. 다행히도 건강하셔서 국을 가져가면 식지 않을 거리에 두 분만 따로 사신다. 아직도 된장이나 고추장을 손수 담고, 배낭을 메고 시장에 다니며, 김장까지 몸소 하신다.

사나흘 전에도 사골을 고아 자식들을 불러 먹였다. 소식小食에 근면한 생활이 건강에 비결이라면 비결이다.

"네 엄마 고집 알지? 세월이 갈수록 점점 더 질겨지니 큰일 났다. 도무지 말이 통해야 살지. 쇠 힘줄 같아 이젠 당해낼 재간도 없다."

아버지의 불평 속엔 노기怒氣가 가득했다.

어머니는 한술 더 떴다.

"네 아버지 별난 건 세상이 다 알 거야. 평생 그 비위를 맞추며 살았으니 생각할수록 분하고 억울해. 정 없는 부부는 안 맞는 신발 같다더니 살면 살수록 어찌나 옥죄던지 내버리고 싶은 적이 한두 번이 아니었어."

홧김에 무슨 소린 못하랴마는 도를 넘은 말씀에 은근히 걱정이 됐다.

안방 말이 다르고 건넌방 소리가 틀리니 이러지도 저러지도 못해 난감했다.

"대체 무슨 일로 그러세요?"

나의 물음엔 두 분 모두 입을 꾹 다물고 한참 동안 딴청을 피셨다.

사연을 듣고 보니 어이없다 못해 황당했다. 지금은 가볼 수도 없는 북녘땅, 고향 마을에 과수원집 며느리가 있었단다. 전쟁 때 세상을 떴다는데 그분의 친정동네가 다툼의 실마리였다. 아버지는 '살구골'이 틀림없다고 목청을 높였고, 어머니는 '문수골'이 옳다고 우기신 거다. 나 원 참! 실로 어처구니가 없다.

"그 양반이 내 친구의 6촌 누님이거든. 그래서 분명히 기억하는데, 아니라고 저렇게 생떼를 쓰니 기가 차서 죽을 노릇이다."

아버지는 못마땅한 듯 돌아앉으며 말문을 닫았다.

"무슨 소릴 하는 거예요. 우리하곤 친척 간이라 그 친정엘 가서 점심까지 먹고 온 적이 있는데. 도무지 지고는 못 사는 저 성질머리를 어떡하면 좋아?"

어머니도 물러서지 않았다.

난처하기 짝이 없다. 타계한 지 70년도 훨씬 넘은 그이의 친정 동네가 지금 와서 왜 갑자기 문제가 되는 건지. 게다가 생전 본 적도 없는 내게 각기 푸념을 늘어놓으면 나는 도대체 어떡하란 말인지. 판결을 내릴 수도 심판을 볼 수도 없는 상황, 어물쩍 넘겨보려 나는 저녁이나 먹자고 재촉했다.

근데 참 희한한 일이다. 두 분이 종종 의견이 갈려 맞설 때 보면 놀랍고도 신기한 일이 벌어진다. 평소와는 확연히 다르게 정신도 맑고 발음도 또렷하며 눈빛도 반짝거린다. 심지어 격앙된 목소리에 논리까지 정연하다. 이겨야 한다는 전의戰意가 불타선지 활력과 생동감마저 넘쳐흘렀다. 분명 이 싸움은 승패와는 상관없이 팽팽한 대치만으로도 두 분께 새로운 에너지를 충전시키는 묘한 기능을 갖고 있음이 여실했다.

얼마 전, 횟집 사장에게 들은 이야기다. 물고기를 먼 곳까지 산 채로 이동시키기 위해서는 먹이와 산소만으로는 안 된다고 한다. 물고기가 담긴 통에 그 고기를 잡아먹는 천적을 한 마리 함께 넣어야 한다는 것이다. 그러면 물고기는 자신의 적을 피하고자 계속 긴장하고 활발하게 움직인다. 이런 연유로 물고기는 먼 거리를 이동하더라도 죽지 않고 살아남는다는 것이다. 맞는 말인지는 알 수 없으나 꽤나 설득력이 있다.

이튿날 아침, 나는 다시 부모님을 뵈러 갔다. 어머니는 전화기를 들고 씨름하고 계셨다.
"아휴! 왜 이렇게 못 들어요. 다른 사람은 없어요. 아, 알았어요. 다음에 다시 걸 게요."
한참만에야 통화를 포기하고 수화기를 내려놓았다. 아는 사람에게 전화를 했더니 도통 듣지를 못한다는 것이다.
"얼마 전만 해도 이렇게까지 못 듣지는 않았는데, 영감이 죽고부턴 정신마저 놓쳤는지 깜깜 절벽이야."
어머니는 딱한 듯 혀를 끌끌 차셨다.

"밉네 곱네 해도 영감이 제일 큰 의지간依支間이지. 암! 의지간이고 말고."

어머니가 아버지를 턱으로 가리키며 눈을 끔벅하신다. 아버지도 어머니가 끓인 선짓국에 막걸리 한 사발을 들이키셨다.

"뭐니 뭐니 해도 네 엄마 음식이 내 입에는 제일 낫다. 오래 먹어서 그런지 소화도 잘되고 탈이 없어. 솜씨도 그럭저럭 괜찮고…."

아버지도 어머니 쪽을 바라보며 엄지를 치켜세웠다. 두 분 모두 적절한 자극에 반응하는 긴장감의 효과를 톡톡히 보고 계신 것은 아닐까. 천적을 피해 끊임없이 움직이는 수족관의 물고기처럼 말이다.

부부싸움을 마감하는 것도 오래된 비법이 있나 보다. 과수원집 며느리의 친정 동네는 과연 어딜까 궁금했지만 나는 아무 소리 하지 않았다. 두 분이 어떻게 합의를 했는지는 모르나 양지쪽에 나란히 앉아 마늘을 까고 계신다. 하루 전 일은 까맣게 잊어먹은 채 다시 고향 얘기가 한창이다.

그래 맞다. 두 분은 소식과 근면 외에도 지혜롭고 쫀득한 장수비결 하나를 확실히 갖고 계신 것이다.

대추나무와 아버지

"대체 어느 못된 손모가지가 이런 짓을 해놨단 말이냐? 멀쩡하던 것을 어찌 그리 모질게 꺾어 놓을 수 있는지. 에잇! 천하에 몹쓸 것 같으니라고."

산책을 마치고 돌아온 아버지가 연신 푸념을 늘어놓았다.

아버지는 매일 아침 집 근처 산책로를 한 바퀴 돌아오신다. 고속도로를 따라 이어진 이 숲길은 드문드문 쉼터가 있고 붐비지 않아 노인들이 걷기에는 안성맞춤이다. 철따라 온갖 꽃들이 피고 죽죽 뻗은 나무들이 깊은 그늘을 만들어 주었다.

"너도 알지? 집에서 가다 보면 두 번째 다리 건너 길섶에 서 있는 대추나무 말이야. 지난해도 다닥다닥 빨간 대추가 열려 얼마나 소담하고 보기 좋았냐? 아, 근데 오늘 보니 그 나무 옆에서 자라던 어린 대추나무 가지를 누가 부러트려 놓았더구나. 이제 막 내 허리춤 정도 자라 겨우 나무 모양새를 갖춰 가던 걸 말이다. 엄지손가락 굵기라 일부러 힘을 주지 않으면 부러트리기도 쉽지 않았을 텐데 어느 놈의 소행인지 괘씸하기 짝이 없는 노릇이야."

아쉬움이 잔뜩 밴 말씀을 들으니 얼핏 기억이 났다. 산책로 중간쯤에 꽤 큰 대추나무가 한 주 서 있고, 그 두어 걸음 옆으로 새로 돋은 나무줄기 하나가 쭉 뻗어 올라오고 있었다. 아마 큰 나무뿌리에서 움이 튼 것이 아닐까 싶어 신기했는데, 누가 그걸 꺾어 놓은 모양이다. 4월 초순, 이제 막 물이 올라 한껏 생생하던 것을 말이다.

아버지는 약장 서랍을 뒤져 붕대와 반창고를 챙기고, 나무젓가락 하나와 노끈을 마련해 의아해하는 나를 재촉했다.

"다행히도 아주 끊어 놓은 게 아니라 껍질이 조금 남게 분질러 놨으니 잘하면 살려낼 수도 있을 거야. 어서 같이 가보자구."

바짝 서두르며 부리나케 앞장을 섰다.

도착해 보니 난감했다. 부러진 가지가 반도 남지 않은 껍질에 가까스로 매달려 있었다. 살 수 있을까 싶어 심드렁히 구는 나를 제치고 아버지는 부지런히 손을 놀렸다.

　겨우 남은 껍질이 상하지 않게 조심하며 부러진 가지를 밑둥치와 맞춰 세웠다. 그리고 붕대로 정성껏 감싸더니 아래위가 틀어지지 않게 반창고로 여러 겹 돌려 싸맸다. 돋보기를 고쳐 써가며 온 신경을 다 쓴 아버지의 이마엔 땀방울이 배 나왔다.

　이게 끝이 아니었다. 나무젓가락을 둘로 갈라 가지 양쪽에 부목처럼 대고 위아래를 끈으로 단단히 동여맸다. 제법 완벽한 시술이 마감되었다. 가지를 붙잡고 서 있던 나는 물론, 무슨 일인가 싶어 모여든 사람들도 고개를 끄덕이며 안도의 한숨을 몰아쉬었다.

　"어르신! 어찌 그런 생각을 다 하셨습니까. 대단하십니다."

　구경하던 노인 한 분이 일어서는 아버지의 손을 잡으며 치하했다. 엄지를 치켜세우며 손뼉을 치는 사람까지 있었다. 그만한 일에도 힘에 부치셨는지 아버지는 구부정히 서서 싸맨 곳을 꼼꼼히 살피며 어루만졌다.

　오래전, 어느 절집에서 있었던 일이다. 젊은 스님이 땀을 뻘뻘 흘리며 대웅전 앞마당의 잡초를 뽑고 있었다. 한여름 뙤약볕 아래 풀을 뽑는 일은 여간 고역이 아니다. 그런데 한참 풀을 뽑다 돌아보니 자신이 뽑아 던져놓은 풀을 노스님이 찬찬히 나무 함지에 담고 있는 것이 아닌가. 영문도 모른 채 풀을 다 뽑고 무심히 허리를 펴자 노스님은 그 함지를 들고 따라오라고 손짓을 했다. 어리둥절 그걸 들고 따라가니 건너 산등성이 공터에 뽑은 그 풀을 심자고 하는 거였다.

"스님! 할 일이 그렇게도 없으십니까? 어쩌자고 온종일 힘들여 뽑은 잡초를 여기다 다시 심으라고 하십니까?"

젊은 스님이 황당한 표정으로 물었다.

"너 이 일 말고 따로 해야 할 일이 있느냐?"

노스님이 되물었다.

"왜 없습니까? 예불도 올리고 경전도 외고 참선도 해야 할 것 아닙니까?"

젊은 스님이 따지듯 말했다.

"이놈아! 부처님께서 세상에 나오신 후 '천상천하유아독존天上天下唯我獨尊'이라 했느니라. 그것은 당신만이 천지간에 스스로 존귀하다고 우쭐대며 하신 말씀이 아니라, 이 우주 법계의 삼라만상은 다 존재해야 할 이유가 마땅히 있다는 말일 게다. 우리에게는 귀찮기 짝이 없는 저 하찮은 잡초일망정 실은 이 우주에 존재해야 할 충분한 이유를 가지고 태어난 것이 아니겠느냐. 바로 그 이치를 옳게 깨닫는 것이 불법을 바르게 아는 길이니라. 이렇듯 당연한 도리도 모르는 놈이 무슨 알음알이로 공부며 참선을 하겠단 말이냐?"

준엄한 노스님의 말씀에 당황한 젊은 스님은 옷깃을 여밀 수밖에 없었다.

연기법은 불교의 핵심적 교설이다. 삼라만상 모든 것이 '연緣하여 기起한다'라는 것이다. '이것이 있음으로 저것이 있고, 이것이 생기므로 저것이 생긴다. 이것이 없으면 저것 또한 없으며, 이것이 멸하면 저것 또한 멸한다'는 뜻으로 일체만유가 상관적이고 상의적相依的인 관계에 있다는 점을 강조하고 있다. 이런 관점에서 보면 나와 남이 둘이 아니기에[自他不二] 모든 생명을 향한 연민과 보살핌은 너무나도 당연하다.

생명의 존귀함에 어찌 인간과 자연에 구분이 있으며 동물과 식물이 따로 있으랴. 나무 한 그루, 풀 한 포기의 소중함을 알아 어린나무를 감싸 맨 아버지와 잡초를 되심은 노스님의 모습에서 우주 진리 그 거대한 신을 향해 고개를 숙이는 겸허한 구도자의 뒷모습이 얼비쳤다.

이듬해 가을, 사람 키를 훌쩍 넘은 대추나무에는 손톱만 한 여린 대추가 닥지닥지 매달렸다. 아물기 위해 애쓴 흔적이 상흔처럼 줄기에 남았지만, 의연히 하늘을 향해 뻗은 가지가 청량한 가을바람에 파르르 흔들렸다. 가지 끝에 앉았던 새 한 마리가 힘차게 날아올랐다. 생명은 모두 기적이고 축복이다.

남의 것도 아껴라

어느 날, 성철 스님이 이쑤시개를 찾다가 시자에게 물었다.
"니 내 이쑤시개 우쨌노?"
스님의 성질을 아는 시자는 재빨리 말머리를 돌렸다.
"다시 새것으로 올리겠습니다."
"뭐꼬? 또 내뿌린나? 이기 미친는가베. 와 멀쩡한 이쑤시개를 자꾸 버린단 말이고?"
"스님, 끝이 뭉그라지고 게다가 냄새도 나서…."
성철스님은 시자의 답변에 혀를 차며 휙 돌아앉았다.
화장지만 해도 그랬다. 꼭 한 뼘도 안 되는 휴지를 두 번으로 나누어 쓰셨다. 그 바람에 코가 손에 묻기 일쑤요, 해우소에 가면 변까지 묻히기 십상이었다. 그럴 때마다 번번이 개울가로 내려가 손을 씻고 올라오셨다.

"물건 애끼는 것도 좋지만 스님, 그건 좀…."

"일마야. 운동도 하고 좋지 뭘 그래. 니놈이 그라이끼네 돼지 새끼처럼 살만 디룩디룩 찌는 기다."

삼십 년이 넘도록 누더기 두벌을 번갈아 기워 입으신 스님은 '중은 중답게 살아야 하고, 도道를 하려면 가난부터 배우라'고 당부하셨다. 시자들의 성화에 못 이겨 화장지를 쓰기 전까지는 시장에서 멸치 싸는 재생지를 구해다 사용했다. 그뿐만이 아니다. 성냥개비만 따로 사다가 썼던 헤진 성냥갑, 부러진 다리를 헝겊으로 동여맨 낡은 안경, 뒤축을 꿰맨 검정 고무신. 스님의 생활은 한없이 검박하고 청빈했다.

해인사에 계실 때였다. 생신날이 다가오자 떡이라도 해드릴 요량으로 공양간에서 떡쌀을 담갔다. 우연히 지나다 그걸 본 스님은 '부모마저 등진 중에게 무슨 생일이 있단 말이고. 부질없는 짓 하지 마라'고 호통을 쳤다. 하지만 스님의 불호령에도 대중 스님들이 말을 듣지 않자, 스님은 모래를 한 바가지 퍼다 떡쌀 함지에 붓고 말았다. 좀 지나치달 수도 있지만 선문禪門의 규범을 다시는 어기지 못하게 이르신 준엄함이 아니었나 싶다.

시줏물로 들어온 것은 쌀 한 톨, 소금 한 종지, 배춧잎 한 장도 무서워할 줄 알아야 하고, 자신을 위해선 어떤 경우에도 허투루 사용하지 말아야 수행자의 본분을 다하는 것이라고 추상같이 이르셨다. '한 톨의 쌀을 땅에 떨구면 나의 살점이 떨어진 것으로 여기고, 한 방울의 간장을 쏟으면 나의 핏방울을 흘린 듯 생각하라'고 시자들의 귀에 못이 박히게 일깨운 분이 성철스님이었다.

절약이라면 내 아버지도 빠지면 서운한 분이다. 이북서 피난 내려와 맨주먹으로 일가를 이룬 탓에 팍팍한 살림이 가르친 습관이었다. 안 쓰고 모으는 아버지의 신조는 차돌처럼 단단하고 빈틈없었다. '고생을 대물림하지 않겠다'는 다짐은 눈물겹지만, 식구들은 종종 숨이 막혔다.

어느 여름날이다. 군민회郡民會가 있어 아버지를 모시고 이북5도청에 가고 있었다. 약속 시간이 넘어 걸음을 재촉했다. 부지런히 걷던 길 위에 자잘한 나사못 한 움큼이 흩어져 있었다. 사람들이 밟고 다녀 흙과 뒤범벅이었다. 그냥 보고 지나칠 분이 아니다.

"새것인데 누가 떨군 모양이네. 주워가면 요긴할 텐데."

곧바로 앉아 주울 태세였다.

"많이 늦었어요. 어서 가세요."

나는 아버지의 팔을 잡아 일으킨 후 앞서 걸었다.

회의장에 도착하자 이미 모임은 끝나고 식사 시간이었다. 참석 등록을 마치고 돌아오니 아버지가 보이지 않았다. 짐작은 했지만 까닭 모를 부아에 심통이 난 나는 찾아 나서지 않았다. 한참만에야 아버지는 온몸이 땀에 젖은 채 돌아왔다. 물론 손에는 손수건으로 꽁꽁 싸맨 나사못이 만족스레 들려 있었다.

그뿐이겠는가. 몇 해 전에는 아버지와 함께 주왕산을 다녀온 적이 있다. 모처럼 둘이서 하는 오붓한 여행이었다. 웅장한 기암괴석 사이로 난 길은 창연하고 그윽했다. 하지만 사단事端은 숙소로 정한 호텔 앞에서 터지고 말았다. 여관도 좋은데 굳이 호텔에서 묵을 게 뭐냐며 불같이 화를 내셨다. 나는 오래전에 예약해서 저렴할뿐더러 당일이라 취소를 하면 위약금을 물어야 한다고 가까스로 역정을 가라앉혔다. 그러니 한정식을 예약한 음식점은 또 어쩔 것인가.

"번 부자는 없어도, 모은 부자는 있는 법이다. 버는 족족 다 쓰면 고일 게 있나. 있을 때 아껴야 남에게 아쉬운 소리 안 하고 살 수 있는 게야. 국밥 한 그릇씩이면 충분한 것을 이게 다 뭐 하는 짓이냐. 그릇마다 음식이 남았으니 아까워서 이를 어째?"

식사하는 내내 아버지의 송곳 끝 같은 잔소리는 그치지 않았고 나는 진땀을 빼야 했다.

숙소에 들어오자마자 아버지의 목욕물을 받았다. 목욕을 마치고 나오신 아버지는 씻으러 들어가는 내게 당부했다.

"부자간이니 다시 물을 받지 말고 욕조의 물로 씻은 다음 저 물로 헹구고 나오너라! 물에 들어가기 전 넘칠까 봐 미리 떠 놓은 거야."

가리키는 곳에는 새 물이 담긴 바가지 세 개가 가지런히 놓여 있었다.

어이가 없어 문을 쾅 닫아버린 나는 눈을 흘겼지만, 남의 것마저 철저히 아끼는 모습에 고개가 숙어졌다. 내 것만 아까워 부들부들 떠는 자린고비가 아니라, 남의 물건도 살뜰하게 아끼는 아버지의 마음은 진심이었다. 작은 시줏물 하나도 함부로 쓰지 않았던 성철스님의 청빈과 내남을 가리지 않는 아버지의 절약은 아까운 것 모르고 엄벙덤벙 살아온 나를 다시금 돌아보게 한다.

탁탁탁, 아버지가 수건으로 머리를 터는 소리가 들린다. 필시 저 수건은 오늘 밤 말려졌다가 내일 아침 한 번 더 사용될 것이다. 도대체 왜 저러실까. 불쑥 치미는 짜증에 나도 모르게 푸념을 내뱉는다. 하지만 자식의 번번한 그루터기를 위해 평생토록 바람벽이 되어 주신 아버지의 주름 팬 얼굴이 떠오르면 그만 코끝이 찡해진다. 언제쯤이나 아버지 말씀에 기꺼이 고개를 끄덕일 수 있을는지.

미지근한 욕탕 물에 몸은 담갔다. 그리고 검소함과 인색함도 구별 못하고 노상 징징댔던 나, 끌끔치 못한 나를 향해 하얗게 눈을 흘겼다.

색난色難, 효도의 어려움

한참 사용 중인 컴퓨터가 갑자기 버벅대더니 일순 먹통이 됐다. 두 개의 창을 동시에 열어놓고 작업하다가, 급히 송금할 일이 생겨 은행 사이트에서 인증서를 불러오고 있을 때였다. 애타는 마음에 이것저것 자판을 두드려 보고 전원을 껐다 켜 봐도 요지부동, 시커먼 모니터는 동굴 속 같았다. 드물게 있는 일이지만 이럴 때마다 두 손이 꽁꽁 묶인 채 손쓸 도리가 없다. 기술자를 불러야 할지 본체를 들고 서비스센터를 찾아야 할지 망설일 때였다. 마침 아들애가 집 근처를 지난다며 안부 전화를 해 왔다. 잠깐 들어올 수 있다니 천만다행이다.

여기저기 연결된 코드를 일일이 확인하고 '다닥, 다다다닥'

재빠르게 자판을 몇 차례 두드린 후, 엔터키를 치니 컴퓨터가 멀쩡하게 구동을 시작했다. 모니터가 환해지더니 바탕화면이 제대로 떴다. 아니, 이럴 수가. 도무지 어처구니가 없었다. 그토록 애끓이며 별짓을 다 해 봐도 꼼짝하지 않던 물건이 아들의 손놀림 몇 번에 순한 양이 됐다.

"야, 이 사람아! 천천히 그리고 차근차근 설명해 줘야 배울 것 아니야. 그래야 다시 고장 나도 아빠가 손 볼 것 아니냐고."

내가 돋보기를 끼고 바짝 다가앉았다.

"아이고, 가르쳐 드려도 아빤 모른다니까요. 전에도 몇 번 일러드렸는데 금방 잊어버리셨잖아요? 저 바빠서 그만 가야 해요."

답답한 듯 이맛살을 찡그리며 자기 핸드폰을 챙겨선 후다닥 나가버렸다. '짜식! 제가 잘나 혼자 큰 줄 아네!' 못마땅했지만 훌쩍 보내고 말았다.

"아니 도대체 왜 전화를 받지 않는 거에요?"

방문을 열며 소리치자, 두 분 모두 전화기를 바로 옆에 두고도 태연히 TV를 보고 계셨다. 청력이 떨어져 소리를 크게 키운 텔레비전에서는 폭염주의보가 내려졌다는 뉴스 소리가 귀 따갑게 왕왕댔다.

아침나절, 부모님께 전화를 드렸다. 대여섯 번을 거듭해도 감감했다. 아흔이 넘은 분들이라 겁이 난 나는 단숨에 뛰어가 허둥대며 문을 여니 '무슨 일이냐'며 오히려 놀란 듯 나를 쳐다보셨다. 벌겋게 달아오른 얼굴로 말했다.

"전화를 안 받아 걱정돼 뛰어왔잖아요."

잔뜩 앙상을 부리며 헐떡이던 숨을 골랐다.

"둘 다 점점 더 듣지 못하니 걱정이야. 아침부터 괜한 고생을 시켰구나."

어머니는 물 한 대접을 건네주며 아침은 먹고 왔냐며 물으셨다.

"그럼, 지금이 몇 신데 여태 안 먹었겠어요."

노기를 가라앉히지 못한 내 낯빛과 목소리는 곱지 않았다.

나이가 들어 어두워진 귀를 어찌리오. 두통 때문에 보청기도 노상 끼고 있기가 쉽지 않다니 딱하기 짝이 없다. 그럼에도 불쑥 솟는 짜증은 무슨 일인지. 돌아오는 내내 버럭 화를 냈던 후회가 발길을 더디게 했다.

《논어》의 '위정편'에는 '색난色難'이라는 말이 나온다. 제자인 자하가 효에 관해 묻자, 공자는 '색난', 즉 '얼굴빛이 어렵다'고 답했다. 이어서 "무슨 일이 있을 때면 자식이 노고를 대신하고,

술이나 음식이 있을 때는 부모에게 먼저 대접하는 것만을 어찌 효로 여겼겠느냐?"라고 반문함으로써, 효를 행함에 있어서 진짜 어려운 일은 '얼굴빛'임을 강조하였다.

주희朱熹는 이를 "어버이를 모실 때, 늘 온화한 얼굴빛을 갖기가 어렵다"고 그 뜻을 새겼다. 화락한 마음과 즐거운 낯빛을 갖는 것이 진정한 효도인데 무엇보다도 그게 어렵다는 것이다.

한편 후한後漢의 학자 마융馬融은 "부모의 안색을 보고 그 뜻을 살펴 행동하는 것이 어렵다."라고 풀이하며 얼굴빛의 주체가 내가 아닌 부모라고 다르게 주장했다. 그러나 효도의 실천이 제 뜻대로 되지 않음을 아는 사람에게는 아무래도 주자의 해석이 더 절실하게 마음에 와닿는다.

"잘 먹고는 다니는 거지. 왜 그렇게 얼굴이 꺼칠한지 모르겠네. 무더위엔 식보食補만 한 게 없어. 단단히 챙겨 먹고 다녀라."

일흔이 다 된 아들에게 고봉밥을 퍼주고도 더 권하는 어머니다.

"아휴, 이 머슴밥을 다 어떻게 먹어요. 매번 왜 그러세요?"

눈살을 찌푸리며 내가 굳이 밥을 덜어놓으면 어머니는 딱하다는 듯 혀를 차셨다.

"이제 제 나이가 몇인 줄 아세요?"

건방을 떨며 까탈을 부려도 못 들은 척 찌개 냄비와 생선 접시를 내 앞으로 슬쩍 밀어놓는다.

나이가 들수록 부모에게 수굿하기가 점점 더 어려워진다. 판단과 행동이 굼뜨다는 이유로 나도 모르게 재촉하며 다그치기 일쑤고, 무엇보다도 건강에 대한 염려를 앞세워 번번이 뾰족한 잔소리를 내지르기 십상이다. 어찌 내 생각이 다 옳단 말인가. 종종 뜻에 거스를 때도 짐짓 모른 척하시고, 나름의 이유나 까닭이 있음에도 더러 할 말을 꾹 누르시는 모습을 뵐 때마다 아차 싶은 뉘우침이 가시처럼 속가슴을 찌른다.

'가르쳐 줘도 모른다'는 짜증 섞인 아들의 낯빛과 하얗게 늙으신 부모님을 매양 채근하는 내 얼굴색이 뭐가 다르단 말인가. 나보다 몇 배 더 서운하실 부모님을 떠올리며 효도의 어려움을 다시금 느껴본다.

"… 늙은 이 몸은 오직 아들이 하나 있나니, 봉양하느라고 먼 길 자주도 오고 간다네. 새삼 느끼는 건 백 가지 맛있는 음식보다 한 번의 온화한 얼굴을 보는 것이 무엇보다 낫다네."

조선 중기 때 문신 최립崔岦의 말이다. 어버이 앞에서 따뜻하게 활짝 웃는 일, 생각해 보면 별로 어려운 일 아닌 듯싶어도 왜 매번 까맣게 잊는지 모를 일이다. 색난, 요즘 들어 부쩍 이 말이 가슴속을 아프게 저민다.

손등 상처

설날 차례를 마쳤다. 사용한 제기와 병풍을 창고 제자리에 갖다 놓다가 삐져나온 못에 손등을 심하게 긁혔다. 금방 피가 맺히며 몹시 쓰라렸다. 바로 소독하고 연고를 발랐는데도 계속 덧나며 말썽을 부렸다. 보름 넘게 애를 먹이더니 손가락 한 마디 크기의 흉터를 남기고 겨우 아물었다.

"당신 속내를 뻔히 아시는 조상님들께서 이참에 호되게 경고하신 거예요. 앞으로 다시는 그런 생각 하지 말라고 단단히 귀뺨을 후려친 거란 말이에요."
반창고를 붙여 주던 아내가 정색하며 모질게 한마디했다.

너덧 달 전이다. 백세가 다 되신 아버지가 침대에서 내려오다 발을 헛디뎌 주저앉으셨는데, 그만 고관절 골절이 되고 말았다. 연세가 높아 우여곡절 끝에 화급히 수술했지만, 겨우 일어나 앉기는 해도 아직도 서거나 걷지를 못하신다. 설날은 점점 다가오는데 차례 모실 일이 걱정되어 궁리가 많았다. 환자 수발로 가족 모두가 심란한 처지라 이번 차례는 한번 건너뛰는 게 어떨까 싶었다. 제주祭主인 아버지가 집전은커녕 절도 할 수 없으니 그리하는 것이 좋겠다는 생각이 들어서였다.

몇 번을 망설임 끝에 부모님께 조심스레 내 뜻을 비쳤다.

"아버지께서 이렇듯 거동을 못 하시는데 이번 차례는 지내지 않는 것이 좋겠지요?"

두 분 모두 한동안 말이 없으셨다.

"내가 중병으로 자리보전하는 것도 아니고, 이제 점차 회복돼 일어나 앉을 수도 있는데, 차례를 걸러 조상님들을 헛걸음시킬 수는 없지 않겠나. 내가 술을 따르고 절은 못하더라도 옆에 앉아 참례할 테니 너희들이 더욱 정성껏 모시면 될 것 아니냐?"

아버지는 녹녹한 어투로 말씀하셨지만 뜻은 강경하셨다.

"자칫 상놈 집안이 되는 것은 잠깐이라더니…. 쯧쯧."

말끝에 붙이신 이 탄식은 송곳 끝처럼 따가웠다. 안 하느니만 못한 말씀을 드려 두 분 심기만 흐려 논 꼴이 되어 민망하기 짝이 없었다.

"왜 의논도 없이 시키지도 않는 말을 덜컥해서 나만 오해를 받게 해요. 당신이 그런 말을 하면 얼뜬 내 뜻으로 아실 텐데, 평생 지극정성 차례를 모셔 온 그분들에게 거른다는 말이 가당키나 하시겠어요."

이야기를 전해들은 아내가 타박을 늘어놓으며 어이없다는 듯 눈을 흘겼다.

자고로 집안에 병자가 생겨 우환이 있거나 산모가 있어 해산하게 되면 그 해 차례나 제사를 거르는 것이 우리네 풍습이다.

옛날 어느 선생님에게 어떤 사람이 와서 물었다.

"오늘 우리 집 닭이 닭장에서 새끼를 깠는데, 제사를 지내지 않아도 되겠지요?"

"그렇게 하시지요."

그리고 얼마 후, 또 다른 사람이 찾아와서

"오늘 우리 집 개가 마루 밑에서 새끼를 낳았는데, 그래도 제사는 지내도 되겠지요?"

"물론이지요. 아무 상관없고 좋은 일이지요."

그러자 옆에 있던 제자가 선생님께 물었다.

"먼저 왔던 사람은 닭이 병아리를 깠다고 했는데 제사를 지내지 말라 하시고, 뒤에 사람은 개가 바로 마루 밑에서 새끼를 낳았다는데도 제사를 지내라 하신 이유가 무엇입니까?"

그러자 선생님은 대답했다.

"먼저 사람은 '제사를 지내지 않아도 되겠지요'라고 묻는 것이 이미 제사 지내기 싫어서 물으러 온 것일세. 그러니 그렇게 대답을 해 준 것이고, 나중 사람은 '그래도 제사는 지내도 되겠지요'라고 묻는 것이 어떡하든 제사를 지내고 싶어서 묻는 것이 아니겠느냐. 그래서 그렇게 말해 준 것이라네. 제사는 자손들이 지극한 정성으로 지내야 하는 것이네. 애초에 마음이 없으면 지내지 않는 것만 못하지 않겠느냐."

'정성精誠'은 유·불교에서 삶의 바탕으로 가르치는 덕목이다. 《중용》에서 정성은 하늘이 준 도리이고 정성을 실현하는 게 사람의 목표다. 그래서 '무성무물無誠無物'이다. 정성이 빠지면 단 하나도 이룰 수 없다는 말이다. 정성은 일이 있기 전에 철저히 준비하는 것이고 일이 있을 때 그 일에 매진하고 전념하는 것이다. 정성을 다했으면 결과는 중요치 않다.

불교에서도 깨달음을 얻는 일이나 세상을 살아가는 일, 모두 정성이 바탕이 돼야 한다고 강조한다. "지극한 마음으로 정성스럽게 구하면 반드시 얻는다."라는 《잡보장경雜寶藏經》의 가르침이 바로 그 예다.

며칠 전이다. 시골 마을로 문상을 다녀온 적이 있다. 돌아가신 분이 아흔이 넘어서인지는 몰라도 침통한 분위기는 찾아볼 수 없고 여기저기 술판과 화투판이 걸쭉하게 벌어졌다. 심지어 상주들마저 스스로 '호상好喪'이라 떠들더니 이곳저곳 참견하며 웃고 나댔다. 조문객들이 위로 겸 건네는 말도 상주가 듣기에는 민망할 텐데, 상복 입은 채 자기 입으로 호상입네 지껄이다니 어불성설이 아닐 수 없었다.

말 한마디에 마음 씀이 모두 드러난다. 나도 '이번 차례는 지내지 않는 것이 좋겠지요'보다는 '그래도 차례는 반드시 지내는 것이 좋겠지요'라고 부모님께 여쭈었어야 했다.

자꾸 손등 상처에 눈길이 간다. 붉고 깊게 남은 상처가 오늘따라 더욱 흉하고 부끄럽다.

풀 수 없는 보따리

이젠 얼추 70년 전 일이다. 옅어질 만도 한데 어머니의 움켜쥔 기억의 손아귀는 아직도 안간힘을 쓰고 있다. 어머니에게 한국전쟁은 아물지 않는 상처고 아픔이다. 고향에서 살았던 시간의 세 배가 넘는 세월을 남쪽에서 보냈건만 아직도 두고 온 북녘 땅은 절절한 애틋함이다.

며칠 전, 어머니가 무얼 잘못 드셨는지 대수롭지 않게 시작한 배앓이가 '허혈성 대장염'으로 커져 급기야 입원까지 하게 되었다. 병실이 없어 응급실에서 한나절을 고생하다 겨우 6인실 병상을 얻었다. 그것도 소화기 병동이 아닌 암병동에 임시로 들어가게 된 것이다. 한창 더운 여름, 에어컨을 켰다고는 하나 환기가 잘 안 되는 병실은 퀴퀴한 냄새가 진동하며 후텁지근했다. 하지만 그건 참을 만하다. 간병하는 사람을 가장 힘들게 하는 것은 얇은 커튼 하나로 공간이 나뉜 환자의 침대 옆 간이 침상에서 새우잠을 자야 하는 것이다. 실은 잠을 잔다기보다는 눈을 잠깐 붙인다고 해야 맞다. 밤새 앓는 암환자의 신음소리, 수시로 들락거리는 간호사, 또 환자 여섯과 보호자 여섯이 내뿜는 입김과 열기는 병실 안을 끈적끈적 잠식하며 시간마저 붙들어 맸다.

어제 저녁이다. 입원하자마자 매달은 수액주사가 벌써 3일째다. 무슨 까닭인지 바늘이 꽂힌 왼쪽 팔이 자꾸 붓고 아프다고 했다. 병원에 들어와 도통 잠을 못 자는 어머니에게 하룻밤이라도 좀 편히 자게 할 요량으로 주사를 잠시 중단하면 안 되겠냐고 간호사에게 물었다. 다행히도 '그럼 내일 아침 6시에 다시 맞자'며 흔쾌히 허락했다. 그리고 불면을 호소하는 어머니에게 수면제를 갖다 주었다. 치렁치렁 달려 있던 주사호스가 제거되자 모처럼 홀가분해진 어머니는 곧 잠이 드셨다. 나도 잠깐 눈을 붙였을까. 부스럭거리는 소리에 눈을 떠보니 어머니가 당신의 환자복 상의를 벗어 내게 덮어주는 거였다. 쪼그리고 누운 내 모습이 마음에 쓰였던 모양이다. 무더운 날씨에 그걸 굳이 덮을 필요는 없었지만 어머니는 얇은 내복을 입고 계셨고 덮을 이불도 있어서 모른 척 잠자코 있었다. 어머니는 곧바로 다시 잠에 빠져 들었다.

시간이 흘렀다. 수런대는 소리와 함께 어둡던 병실에 불이 켜졌다. 아침 6시, 간호사가 회진을 도는 시간이다.

"할머니! 수액을 다시 맞아야하는데 웃옷을 벗고 계시네요. 옷을 입고 맞으셔야지 주사 꽂으면 옷을 입을 수가 없잖아요."

간호사는 아이 어르듯 녹녹하게 말했다. 나는 벌떡 일어나 환자복 상의를 손에 쥔 채, 어머니를 흔들어 깨웠다. 속잠이 드셨는지 기신을 차리지 못했다. 아마 수면제 탓이리라. 몸을 뒤척이면서도 도무지 운신을 못하던 어머니가 돌연 놀란 듯 눈을 번쩍 뜨더니 겁에 질려 떨리는 목소리로 소릴 쳤다.

"아니 대체 무슨 일이냐. 왜? 또 난리가 난거야. 우리 다시 피난가야 하는 거야!"

여기가 어딘지 깜빡 잊은 채, 별안간 다그치는 내 목소리에 황당한 말을 하며 몸을 잔뜩 웅크렸다. 분명 비몽사몽 얼결에 해댄 소리였다. 하지만 난 왈칵 목이 메며 코끝이 아려왔다.

어머니는 이북이 고향이다. 1·4후퇴 때, 막 결혼한 아버지를 따라 월남한 실향민이다. 그저 한 달포만 피해 있으면 다시 고

향집에 돌아올 수 있다고 싼 멧산자 보따리(뫼 산山자 모양의 등짐보따리)를 하나씩 등에 지고 허겁지겁 나온 피난길. 그런데 그 길은 영영 돌아갈 수 없는 길이 되고 말았다. 속절없이 막힌 길 위에서 망연했을 그 세월, 어머니는 끝내 이곳에 마음을 부리지 못했다. 어머니의 삶은 노상 길 위에 있었다. 언젠가 돌아가야 할 고향을 그리며 뿌리내릴 수 없었던 뜨내기 살림이었다.

"이 모든 게 다 생때같은 부모를 놓고 나온 탓일 게야! 여기는 내내 낯설고 서먹했지. 눈 뜨면 부모 생각, 감으면 고향 생각에 뛰다 죽을 노릇이었어. 사는 일은 왜 그리 모질고 팍팍했는지 맨손으로 시작해 갖은 고생 다 겪으며 억지로 버틴 삶이라, 애들을 낳고 십수 년이 흘렀어도 '내가 미쳤지, 무슨 부귀영화를 보겠다고 부모형제 다 버리고 여길 나와 이 고생을 한단 말이냐'며 하루에도 수십 번씩 내 발등을 찧고 싶었단다."

어린 시절부터 숱하게 듣던 어머니의 뼈아픈 푸념이었다.

사실 스물한 살 어린 나이에 얼마나 두렵고 황망했을까. 애마른 그리움에 안절부절못하고 기어이 돌아가겠다는 일념으로 살아왔으니 어디선들 편편했겠는가. 아직도 어머니의 한국전쟁은 끝나지 않고 있다. 저 낡고 해진 보따리를 언제쯤이나 이곳에 맘 편히 풀어놓을 수 있을지 아무도 알 수가 없다. 이제 여든 아홉, 죽기 전에 한 번만이라도 고향땅을 밟아볼 수 있을

까하는 어머니의 가녀린 소망이 내 가슴을 훑치며 지나간다.

  조만간 퇴원하면 임진각이라도 모시고 가야겠다. 아스라한 북녘 땅을 바라보며 한숨이라도 실컷 몰아쉬게 하고 싶다. 신음 같은 핏빛 한숨을 말이다.

동치미국수

내가 어렸을 때는 서울도 추위가 만만치 않았다. 영하 15도를 오르내리는 맵찬 날씨가 너댓새 이어지면 꽁꽁 언 한강 소식에 오소소 진저리를 치곤했다. 눈도 흔했다. 밤새 쏟아지면 한 뼘 넘게 내려 지붕은 물론 담장과 나무 위를 소담스레 덮었다. 장독대에 쌓인 눈은 유독 담뿍해 크고 작은 항아리 모양새에 따라 각양의 털모자를 쓰고 앉은 가족들처럼 아기자기한 풍광을 자아냈다.

우리 집 뒤꼍에는 늙은 대추나무가 한 주 서 있었다. 그 밑으로 지난 김장 때 묻은 김칫독들이 나란히 머리를 내밀고 있다. 그중 제일 큰 독안에선 뽀얀 국물의 동치미가 짭조름하고 찌릿한 맛을 내며 익어갔다.

동치미는 겨우내 먹을 배추김치를 갈무리 한 후, 알타리와 깍두기를 버무리고 나서야 담게 된다. 적당한 크기의 무를 소금에 굴려 파, 마늘, 생강, 고추, 갓, 청각, 배, 유자 등과 함께 항아리에 넣고 소금물을 부어 익힌 건건이로, 무를 썰어 국물과 같이 먹는 대표적인 겨울 김치다.

'늦가을 시장에 무가 나오면 의원들이 문을 닫는다'는 말이 있듯 가을무는 아삭거리는 식감뿐만 아니라 인삼에 버금간다는 효능이 알찼고, 쌈박한 국물은 그 풍미가 오묘했다. 날씨가 상대적으로 따뜻한 이남보다는 알싸하게 추운 북쪽지방에서 발달한 동절기 음식이다. 이북에서는 엄동설한 한겨울이 되면 얼음이 서걱거려 이가 시릴 정도로 차가운 동치미를 반찬으로 먹거나 아니면 메밀국수를 삶아 냉면으로 말아 먹었다. 이북이 고향인 부모님 덕분에 갖가지 재료가 가미된 동치미를 겨우내 먹으며 자랐다.

"출출한데 뭐 먹을 거 없나요?"

내가 자꾸 엄마를 치대면 형은 옆에서 꿀꺽 침을 삼켰다. 눈 오는 긴 겨울밤 일찍 먹은 저녁밥은 가물거리고 뱃속에선 허기가 속을 긁었다.

"거 시원한 동치미국물에 국수나 말지."

아버지까지 가세하면 엄마의 밤참 준비가 시작됐다.

부뚜막 연탄불에 국수 삶을 냄비를 올리고 양푼을 든 엄마가 뒤꼍으로 통하는 부엌문을 열면 불어 닥치는 칼바람에 목이 잔뜩 옴츠러들었다. 뽀얗게 내리던 싸락눈이 회오리치며 부엌바닥까지 밀려든다. 독 뚜껑에 쌓인 눈을 제치고 양푼 가득 동치미 무와 국물을 퍼오는 엄마의 머리 위엔 그새 눈이 하얗게 내려앉았다. 백열등이 켜진 안방, 서랍장 위 라디오에선 연일 눈이 오겠다는 예보 소리가 직직대고 내복 바람의 아이들은 두레소반에 모여앉아 젓가락을 입에 문 채 입맛을 다셨다.

동치미국수는 차림이 간단하다. 큼지막한 사발에 말씬하게 삶아 돌돌 말은 국수타래를 담는다. 납작납작 썬 무와 삭힌 고추를 고명으로 올리고 국물을 부은 후 통깨를 뿌리면 완성이다. 삶은 달걀이나 수육 따위는 언감생심, 다른 반찬도 필요 없었다.

우선 간간한 국물을 들이킨다. 살얼음에 입안이 얼얼하다. 국수를 한 젓갈 그득 집어 볼이 미어져라 우겨넣는다. 몇 번 씹지도 않았는데 목울대가 들썩이며 꿀떡 넘어간다. 서너 젓가락이면 벌써 바닥이 보인다. 엄마는 기다렸다는 듯 채반에 남은 국수를 넉넉히 얹어준다. 먹고 돌아서면 금방 헛헛할 나이, 앞은 자리에서 서너 개씩은 너끈히 해치웠다.

벌컥벌컥 마시는 차가운 동치미 국물에 관자놀이가 빠근하게 아려오지만 상큼하고 찡한 맛에 정신이 버쩍 들었다. 방바닥은 절절 끓어도 후들후들 속부터 떨려왔다. 이때다. 아까부터 아궁이에서 끓던 주전자가 들어온다. 따끈하고 달금한 진홍색 대추차가 목을 타고 내리면 꽁꽁 얼은 속이 슬그머니 녹진다. 훌훌 불며 마시는 차 한 잔이 소박한 밤참을 마무리한다. 달그락거리는 엄마의 설거지 소리를 들으며 우린 포만감에 이불속을 파고 들고 흐뭇한 겨울밤은 오붓하게 깊어 갔다.

'위안음식(comfort food)'이라는 것이 있다. 되풀이 되는 일상에 지쳐 우울하고 쓸쓸할 때, 또 몸이 아파 힘겹고 서러울 때, 문득 떠올라 입안에 침이 고이는 간절한 음식을 가리킨다.

난 어릴 적부터 탈이 나면 신열이 먼저 신호를 보냈다. 감기가 들면 늘 고열에 시달렸다. 나이가 들어서도 간혹 걷잡지 못할 번열과 오한은 나를 꼼짝 못하게 만든다. 천길 나락의 혼미 속을 까무룩 오가다 어느덧 열이 내리고 부스스 일어나 앉으면 온몸이 저릿하다. 바짝 마른 입안은 무얼 먹어도 소태같이 썼다. 이때쯤이면 어김없이 톡 쏘는 국물과 짤깃한 국수의 목넘김이 머릿속을 계속 맴돈다. 한 그릇 후루룩 들이키면 돌연 기운이 솟고 입맛이 되산다. 고작 겨울 한철 제 맛을 내는 음식이지만, 내겐 둘도 없는 위안음식이 분명하다.

게다가 개운한 맛과 새금한 향기는 지나간 시절의 추억을 고스란히 불러들인다. 밤새 내리던 함박눈, 낡은 부엌, 백열전구의 따뜻함, 그리고 젊은 엄마의 모습과 겹쳐 오롯이 서로를 위하던 가족들의 순한 얼굴들이 주마등처럼 흘러간다. 홍차에 적셔 먹던 마들렌쿠키가 혀에 닿는 순간 행복했던 어릴 적 기억이 재현되는 프루스트 소설의 한 장면같이 훈훈하지만 다시 올 수 없는 어린 시절이 줄줄이 되살아난다.

익숙한 음식은 평생 우리 곁을 떠나지 않고 다양한 형태로 삶에 영향을 미친다. 마치 사랑하는 사람처럼 항상 옆에 있고 싶고 기대어 위로받으며, 간혹 자신이 누구인가를 확인시켜 주는 것이 어릴 때부터 먹던 음식이다. 내게 영혼의 음식은 당연히 동치미국수다. 해마다 겨울을 기다리는 이유 중 맨 윗자리엔 언제나 동치미국수가 있다.

불로초는 없다

 의학 상식이 넘치는 요즘이다. 무슨 병의 증상은 어떻고, 무엇을 먹고 어떻게 해야 낫는 지를 꿰고 있는 사람들이 수두룩하다. 저마다 의사와 약사가 되어 진단과 처방을 멋대로 하는 세상이다. 각종 매체마다 명의(名醫)나 신의(神醫)를 내세워 오만 가지 병들을 다 까발리니 오죽하겠는가. 그런데도 희한한 일이다. 갈수록 병원은 환자들로 넘치고, 장례식장과 화장장 잡기는 하늘의 별따기다. 예나 지금이나 불로초는 없다.

 느닷없이 작년부터 한쪽 어깨가 아프기 시작해 양쪽을 번갈아 가며 사정없이 못살게 굴었다. 손을 들어 내 머리를 만질 수 없으니 불편은 말할 것도 없고, 밤마다 휘젓는 통증은 견딜 재간이 없었다. 병원 문이 닳도록 검사받고 침을 맞으며 온갖 약을 다 써 봐도 꼬박 일 년을 넘게 닦달하더니, 누구의 어떤 처방이 맞아떨어졌을까. 두어 달 전부터 무단히 좋아져 슬그머니 증세가 사라졌다.

 이젠 살겠다 싶었는데 얼마 전부턴 두통이 또 집요하게 나를 잡고 놓지 않는다. 정수리 오른쪽 부분이 송곳으로 콕콕 쑤시듯 간헐적으로 아팠다. 머릿속이 띵하니, 감각이 둔해진 듯 만지면 남의 살 같았다. 처음에는 '이러다 말겠지, 피곤해서 그럴 테지' 하고 자신을 안심시켰으나, 열흘을 넘기자 더럭 겁이 났다. 하필 머릿속에 생긴 탈이니 마냥 내쳐 둘 수가 없었다. 더욱이 고통의 회오리가 한번 지난 후에도 다시 올 통증에 두려움이 생기며 서서히 그 증상에 노예가 돼 가고 있었다.

 그때야 병원과 한의원을 쫓아다녔지만 뚜렷한 진단을 받지 못했다. 스트레스가 원인이니 무조건 쉬라는 말뿐이었다. 어느 한의사는 이젠 늙느라 아픈 거라고 생활방식을 느긋하게 바꿔 볼 것을 충고했다. 병을 없애기 위해 노력할 게 아니라 몸의 소리를 잘 듣고 부족하면 채우고 넘치면 덜어내는 지혜를 가지라는 것이다.

 "자연의 원리와 섭생법은 몸으로 체득해야 합니다. 내 몸의 소리에 귀 기울이는 게 건강한 삶의 시작이지요."

심지어 병은 이제 몸을 떠나려고 하는데 나 자신이 병을 놓지 못해 머무는 거라며 알쏭달쏭 알아듣지 못할 말로 힘든 나를 다그쳤다.

늙느라고 아프다니, 참 서글픈 일이다. 한고비를 넘기면 더 험한 산이 기다리고 있었다. 생로병사, 네 고통 중 노쇠와 병고는 늘 손잡고 함께 다닌다. 병이 드니 늙게 되고, 늙으니 모진 병에 더욱 힘겨워지는 것이 정해진 수순이다. 늙기도 심란한데 병마저 몸을 친친 동여매니 품위 있고 단정히 살고 싶은 노년의 삶이 맥없이 무너진다.

흔히들 '노화를 육체는 쇠락해도 정신은 성장하는 것'으로 정의한다. 나이 들수록 육체의 쇠약은 받아들이고 정신적 성장을 위해 많은 것을 내려놓으라는 말일진대, 육체의 뒷받침 없는 정신의 성장이 어디까지 필요할 것이며, 또 정신과 육체의 조화와 균형이 언제까지 가능할 것인지 모를 일이다. 어찌 보면 정신적 성장보다도 나이 든 사람을 힘들게 하는 것은 육신의 부자유와 질병의 고통이 아닐지.

누구나가 생을 마칠 때까지 자유로운 운신을 소망하지만, 자신의 의지대로 일상을 누리다 떠나는 것은 결코 쉬운 일이 아니다. 대부분 자기 몸 하나 지탱할 최소한의 건강도 허락되지 않거나, 하늘이 내린 가혹한 형벌—기억과 인격이 온통 유실된 치매의 늪에 빠지기도 한다. 사랑하는 가족이나 친지의 품 안에서 평온한 모습으로 다음 생을 기약하는 죽음을 꿈꾸지만, 대개는 질병의 고통으로 병원 중환자실이나 낯선 요양원에서 속절없이 생을 마감하는 노인들이 늘고 있는 게 현실이다.

오늘도 두통 때문에 병원을 찾았다. 진료실 앞에서 대기하는 노인들의 무표정한 얼굴을 보면서 사무엘 울만의 시 〈청춘〉의 한 구절을 떠올렸다.

청춘이란 인생의 어떤 기간이 아니라 마음의 상태를 말한다.
때로는 스무 살 청년보다 일흔 살 노인이 더 청춘일 수 있네.
누구나 세월만으로 늙어가지 않고
이상과 열정을 잃어버릴 때 비로소 늙어간다네

노인들을 위로하려고 애쓴 시인의 마음은 가상하지만, 진료실 앞에선 왜 이렇듯 사치스럽고 공허하게 들리는지. '풍부한 상상력과 감수성, 그리고 의지력'도 좋고, '용기와 모험심 또는 탁월한 정신력'의 유지도 소중하지만, 건강한 육신이 뒷받침되어야 비로소 빛을 발하는 것은 아닐까. '세월은 피부의 주름을 늘리지만/ 열정을 가진 마음을 시들게 하진 못하지'라는 대목에선 피식 웃음이 나고 만다. 시들지 않은 그 많은 사람은 지금 모두 어디에 있는지 불편한 몸뚱이가 눈을 흘긴다.

"늙음을 잊으면 노망이 든 것이요, 늙음을 탄식하면 추한 것이다."

〈낙치설落齒說〉을 써 나이 든 자신을 성찰하고 삶의 태도를 새롭게 한 조선 후기 성리학자 김창흡의 날카로운 일갈이다. 무겁고 서늘하게 우리를 일깨운다.

계절의 순환이 착오가 없듯 나이 든다는 것은 불가피하다. 세월이 흘러 늙고 병드는 것은 자연스러운 일이다. 이 마땅한 이치를 안다면 의연히 받아들이고 주어진 시간 시간을 깔밋하고 슬기롭게 살아갈 일이다. 삶에서 중요한 것은 여정 그 자체이지 어디 있는지도 모를 목적지가 아니지 않는가. 담담하고 고분고분 늙어 가는 것, 그것이 바로 내 삶의 주인이 되어 초연하고 당당하게 사는 길이다.

예나 지금이나 불로초는 없다.

세월이 치료하면

"제발 이러지 마! 이제 우리 헤어져! 이유는 자기가 더 잘 알잖아!"

살얼음이 낀 냉랭한 말투다. 여자의 말에 덩치 큰 남자는 등을 보인 채, 장승처럼 굳어 있다. 앉았던 여자는 남자를 흘낏 올려다보더니 이내 자리를 털고 일어났다.

4월 저녁 어스름, 나는 문구점을 가기 위해 집 앞 공원을 가로질렀다. 작은 공원엔 그들과 나뿐이었다. 목련꽃이 추레하게 떨어진 길 위로 벚꽃이 하르르 흩어져 내렸다. 주변으로 온갖 꽃들이 지천이다. 까닭 없이 긴장한 나는 입안에 고였던 침을 삼키며 그들의 옆을 조심스레 지났다.

"다시 한번 생각해 줘! 하는 일도 점차 나아질 거야. 결혼…
그거… 조금만 더 기다리면…"

남자의 주눅 든 음성이 내 발소리에 섞여 끊겼다 다시 이어졌다.

"정말 미안해! 지금껏 잘 참아줬잖아."

이별에 다다른 사랑을 한사코 되돌려 놓겠다는 듯 남자는 힘겹게 입을 뗐지만, 목소리는 자꾸 입안으로 말려들었다. 목소리가 떨렸던가, 아니 울먹였던 것 같다.

"이젠 지쳤어. 정말 싫어!"

여자의 마지막 말은 또렷하게 들렸다. 공원을 나오며 마침내 나는 참았던 숨을 몰아쉬었다. 왜 헤어지자는 걸까. 저 남자는 지금 어떤 심정일까. 마음이 쓰여 힐끗 돌아보았다. 남자는 고개를 숙인 채 그 자리에 앉아있고 잰걸음으로 공원을 빠져나가는 여자의 뒷모습은 결연했다. 사방은 조금씩 더 어두워지고 있었다.

연인 관계에서 덜 사랑하는 쪽이 권력자라 했던가. 속절없이 여자를 바라보던 남자의 커다란 몸집은 풍선 인형같이 헤식어 보였고, 또각또각 여자의 구두 소리는 되돌릴 수 없는 선언처럼 단호하게 들렸다.

문구점은 닫혀 있었다. 휴일에도 어김없이 문을 열던 곳이다. 전에 없이 무슨 일일까. 출입문 손잡이에는 쇠사슬이 둘둘 감겨 커다란 자물쇠가 채워져 있다. 흔들어 봐도 꼼짝하지 않는다. 나는 우두커니 서 있다 발길을 돌렸다.

굳게 닫힌 문. 영문도 모른 채 느닷없이 빗장을 걸어 잠근 절벽 앞에서 까맣게 속을 태운 적이 있다. 공중전화부스에 매달려 수도 없이 번호를 눌러댔지만, 꽉 닫힌 마음은 요지부동이었다. 나는 연신 시계탑을 바라보며 하릴없이 무너져 내렸다.

40여 년 전이다. 나타나지 않는 그녀를 기다리다 올라탄 입영 열차. 꼭 나오마고 고개를 끄덕이며 손을 잡던 그녀는 끝내 오지 않았다. 입이 마르고 애가 탔다. 대체 무슨 일일까. 어떤 이유도 떠오르지 않았다. 덜컹, 기차가 움직이기 시작할 때 눈물이 핑 돌았다.

이별은 그저 자신을 필요로 했던 누군가가 사라지는 게 아니라, 자신에 대한 필요 자체가 순식간에 우주에서 없어진 것처럼 절박하게 자기를 벼랑 끝으로 내몰았다. 모든 걸 헝클어트리고 깨뜨려서 망가지고 싶었다. 의문과 염려를 곱씹으며 막막했던 나를 태운 채, 기차는 어둠을 뚫고 줄기차게 달렸다. 스물두 살 가을은 천지가 잿빛이었다.

육군 제2훈련소. 수용연대를 거쳐 입소한 11월의 논산 연무대는 황막했다. 늦가을 텅 빈 하늘은 시린 마음을 잘게 저몄다. 이리저리 끌려다니며 시작된 훈련에 온정신이 어리쳤다. 실연의 괴로움을 치유하기엔 훈련소의 모든 것이 척박했지만, 그래서 오히려 다행이었다. 모르는 사람들과의 뒤섞임, 숨 돌리기조차 빠듯했던 일정, 목에서 단내가 날 정도의 고된 사역은 슬픔과 아픔, 그리고 수시로 솟구치는 분노의 뭉텅이를 마음 한쪽 구석으로 내몰아 주었다. 문득 칼끝처럼 찔러대는 그리움에 진저리쳤지만, 감기는 눈꺼풀과 배고픔이 크게 위로가 되었다.

정신이 육체를 단속한다지만 몸도 영혼을 가로막고 다스렸다. 짐작이라도 하고 싶었던 그 날의 이유가 차츰 의미를 잃어갔다. 속내를 안들 무슨 소용이란 말인가. 피치 못할 사정이 있었을 거라고 오그라졌던 마음이 조금씩 펴져 갔다. 땡볕에서의 제식훈련과 각개전투, 그리고 혹독한 유격과 사격훈련은 꽉 쥐었던 미련의 손아귀를 스스로 풀게 했다. 어쩔 수 없다는 체념과 포기가 흔들리던 나를 든든히 받쳐주었다. 긴장과 고달픔의 한 달 반은 짧지 않았다. 스치기만 해도 핏물이 배어 나오던 마음자리엔 적당히 굳은살이 박이고, 걷잡을 수 없던 그리움도 서서히 마르며 딱딱하게 화석화되었다. 사무치게 아린 상처도 세월이 치료하면 아무는 법이다. 나는 그녀를 그렇게 보냈다.

 집으로 돌아오는 길, 외등이 켜진 공원엔 저녁 안개가 자욱하다. 남자는 미동도 없이 웅크리고 있었다. 희붐한 불빛 아래 그의 모습은 만들다 만 조각彫刻처럼 슬펐다.
 목이 조이고 가슴이 찢어지리라. 인연을 놓친 충격에 몸을 떨며 상실감에 허덕이리라. 모든 것이 내 탓이라는 자책과 함께 따라붙는 죄책감, 어찌할 줄 모르는 혼란과 분노와 슬픔이 범벅이 되어 지옥과 같은 나날이 흐를 것이다.
 그러나 어쩔 것인가. 고통받지 않으려면 아예 사랑하지 말았어야 했거늘. 쓴맛이 싫어 혀를 잘라 버릴 순 없지 않던가. 이를 악물고 시간을 갉아먹은 후에야 세월은 너덜대는 상처를 꿰매고 진물을 닦아 줄 것이다. '너'를 알고 싶어 시작하지만 결국 '나'를 알게 되는 것, 어쩌면 이게 사랑인지도 모른다. 왔다 가는 사랑의 한결같은 모습이다.
 발소리를 죽여 그의 곁을 지났다. 죄 없이 매 맞는 친구를 옆에서 지켜보는 심정이다. 더디 가는 시간, 그는 또 얼마나 세월의 힘을 빌려야 할까. 손 쓸 수 없는 상황에 나는 그만 눈을 감는다.

슬픈 수컷

침팬지 무리에 관한 이야기다. 줄곧 같은 방법으로 먹이를 주다가 갑자기 방식을 바꾸면 암컷과 젊은 침팬지들은 곧 순응하는데 유독 늙은 수컷만은 새로운 습관을 받아들이지 못한다고 한다. 이리저리 몸을 부딪치며 괴성을 지르고 창살을 두드리는 등 난리를 피우다 젊은것들과 암컷들에게 따돌림을 당해 애물단지로 전락하고 만다는 것이다.

늙고 힘 빠진 수컷들의 황혼은 가혹하고 슬프다. 평생 적으로부터 무리를 보호하고 먹이를 대던 수사자는 사냥할 힘을 잃으면 젊은 수놈에게 자리를 내주고 쫓겨나 '마지막 여행'에서 혼자 죽는다. 사자뿐이랴. 조류도 어류도 심지어 곤충까지도

대개 수컷의 마무리 길은 가차없고 외롭다. 동물사회의 수컷들이 맞닥뜨리는 피할 수 없는 운명이 아닐는지.

몇 년 전 여름, 한 노인의 참혹한 죽음이 기사화된 적이 있다. 부산의 한 연립주택에 사는 65세 이 모 씨는 다섯 식구가 사는 집에서 사망 후, 한 달이나 방치되다가 심하게 부패한 상태로 발견됐다. 그 집 식구들은 썩는 냄새가 진동할 때까지 아버지의 안부를 궁금해하지 않았다. 물론 못된 술버릇과 괴팍한 성격 탓에 진저리치는 식구들과 단절된 채 지냈기 때문이라지만, 아무리 생각해도 납득하기 어렵다. 자기 방에서 혼자 식사를 해결해 왔다는 것이 가족들의 변명이었다.

요즘 늙은 남편을 조롱하는 농담이 넘쳐난다. '젖은 낙엽'은 이미 고전이 되었고, '공포의 거실남'이나 '파자마맨'은 속옷 바람에 종일토록 집안을 서성댄다는 비아냥이고, '삼식三食이 새끼'는 악의적 비웃음이며, 아내 없이는 어디도 가지 못한다고 생긴 '정년停年 미아'는 서글프기 짝이 없다.

실제 인구통계 조사를 보면 여성은 남편 있는 쪽이 없는 쪽보다 사망 위험이 두 배 높았고, 남성은 그 반대였다. 늙은 남편이 아내에게 의존하는 경향이 높기 때문일 것이다. 게다가 한국보건사회연구원은 여성의 71.8%가 '늙은 남편을 부담스러

위한다'는 여론조사를 발표했다. 평균수명이 길어지면 그만큼 돌봐야 하는 기간도 늘어날 것이라는 여성 쪽 우려가 반영된 수치지만, 남성 입장에선 점점 더 내몰리는 느낌을 거둘 수 없다.

35년 동안 다니던 직장에서 물러났다. 앞장서 걷느라 지치고, 쉼 없이 뛰느라 녹초가 됐다. 이제야말로 스스로에게 휴식을 주려고 궁리할 즈음, 집에 죽치는 모습이 못마땅한 아내는 물과 과일을 싸주며 산으로 내몰았다. 퇴직 전에는 생각도 못 했던 평일 산행이 처음에는 느긋하고 신이 났었다. 그런데 한창 붐비는 아침 시간에 등산복 차림에 스틱을 들고 지하철을 탔을 때였다. 주변과 걸맞지 않은 내 모습이 문득 계면쩍고 부끄러웠다. 왠지 아직은 좀 더 일해야 할 나이, 찬란한 태양의 눈부신 햇살 속을 배낭을 메고 어정댄다는 것이 내키지 않아 이내 그만두고 말았다.

그때부터 두문불출, 한동안 책이나 뒤적이며 소파에서 뒹굴고 있었다.

"좀 도와줘요! 이것저것 다 하려니 나도 이제 힘에 부치네요."

갑자기 집사람이 청소기를 들이밀었다. 드디어 올 것이 왔다는 생각에 아내를 무연히 쳐다봤다.

"아직은 좀 이른 것 아니야? 퇴직한 지 이제 겨우 달포가 지났을 뿐인데…."

얼굴을 붉혔지만, 아내는 덤덤했다. 피식 헛웃음을 치며 청소기를 잡긴 했어도 심사는 몹시 뒤틀렸다. 그러나 어쩌랴. 변화에 맞서며 눈치 없이 굴었다가는 늙은 침팬지가 될 것이 불 본 듯 훤한 것을. 거울에 비친 낯선 모습에 눈을 질끈 감았다.

"집안에서 무용지물이 되지 않기 위해선 움직일 수 있는 한, 청소든 부엌일이든 절반은 자신의 몫이라 생각하고 대처하는 것이 지혜로운 삶입니다. 그것이 천덕꾸러기란 낙인에서 벗어나 함께 공동체를 꾸려나가는 지름길이라는 점을 명심, 또 명심하시길 바랍니다."

퇴직 전 참가한 은퇴자 교육 프로그램에서 목청을 높이던 강사의 말이 귀에 쟁쟁하다.

가장家長의 권위가 날아간 지는 이미 오래다. 틀거지만 겨우 남았을 뿐 속은 빈 강정이다. 남자 중심의 '호적'도 사라지고 '가족관계증명서'가 있을 뿐이다. 요즘 대부분의 남편은 안방에서 쫓겨나 자기만의 공간에서 독수공방이다. 게다가 청결을 내세운 아내의 잔소리를 흘려듣지 못해 앉아서 소변을 보는 남자가 늘고 있다니 아뜩할 따름이다.

왜 남자들은 은퇴하면 친구마저도 줄어드는 걸까. 평생 맞서 겨루던 습성 때문일까. 갈 곳도 마땅치 않고 볼 사람도 흔치 않아 그저 아파트 산책로만 빙빙 돌고 있다. 심지어 다시 태어나면 여자가 더 낫겠다고 한다니 진위를 떠나 황당하기까지 하다.

요즘 은퇴한 남성들 사이에선 '만 원으로 하루 살기'의 다양한 비법이 공유되고 있다. 무료 지하철을 이용하는 체험들이 주류인데, 혼자서 할 수 있는 일과 두세 명이 할 수 있는 일 등이 종류별로 있다고 한다. 집에선 눈치가 보여 나가긴 해야 하는데 주머니가 얇아 비용을 최대한 줄인 '시간 죽이기'에 골몰하는 것이다. 과거 대기업이나 관공서에서 활기차게 일하며 한 시대를 이끌었던 '사회 역군'들의 꾀죄죄한 모습이다.

"요즘 나는 여성 문제보다 남성 노인 문제가 더 걱정됩니다."

여권운동가로 여성부 장관을 지낸 분이 '남성 노인 소외'를 우려하며 심각하게 던진 말이다. 그것도 여성교육과 성평등을 주창하는 여성들 모임에서 말이다. 이젠 정부도 사회도 과거 여성운동 하듯 '남성노인해방운동'에 적극 나서야 한다는 것이다. 참가자 모두가 딱한 듯 혀를 차며 고개를 끄덕였다니, 늙은 남자들 신세가 처량하기 그지없다.

요즘 난 이삼일에 한 번씩 서점엘 간다. 꼭 사야 할 책은 없어도 신간들을 뒤적이며 시간 때우기 그만이다. 작은 가방과 돋보기를 챙기며 반드시 확인하는 곳이 있다. 다용도실에 있는 쓰레기 분리수거함이다. 재활용품과 음식물을 구분, 오늘도 단단히 묶은 종량제 봉투를 들고 보무도 당당 집을 나선다. 이젠 붙박이가 된 나의 책무를 충실히 이행하기 위해서다.

난 아직 늙은 수컷 침팬지가 아니다. 최선을 다해 열심히 노력하며 악착같이 적응해 나갈 것이다. 이런 나의 각오가 생각할수록 다행이고 안심이며 기특하다.

수필을 담그다

아침나절부터 아내가 포기김치를 담갔다.

커다란 배추 두 포기와 작은 무 세 개, 그리고 각종 양념을 준비했다. 이 정도 재료라면 그럭저럭 흡족한 듯 움직이는 손끝이 바쁘다. 적당히 다듬은 배추를 반으로 갈라 소금에 절인다. 생것의 뻣뻣함을 잡기 위해 숨을 죽인다. 얼마 후면 노글노글 다루기 쉽게 누그러질 것이다.

무는 채를 썬 후, 양념과 버무려 속을 만든다. 파와 마늘과 생강은 삼삼한 향기가 되고 매콤한 고춧가루는 먹음직스러운 빛깔을 만든다. 어찌 들판의 것으로만 맛이 나겠는가. 곰삭은 새우젓과 멸치액젓도 갯내를 풍기며 감칠맛으로 환생할 것이다. 거기에 찹쌀 풀을 쑤어 붓는다. 겉돌던 재료들이 서로 엉긴다. 이젠 찬찬히 앉아 절은 배추에 속을 넣으면 된다. 켜켜이 뭉치지 않게 골고루 펴서 넣는다. 붉게 물든 아내의 손안에서 포기김치가 완성된다. 모양 갖춘 김치를 통속에 차곡차곡 쟁인다. 향기와 빛깔과 감칠맛이 스며든 배추는 서서히 국물을 만들면서 익어갈 것이다. 찡한 맛과 아삭한 식감을 그대로 간직한 채 품격 있는 접시에 담겨 식탁에 오를 날을 꿈꾸면서 말이다.

  나도 오늘 책상에 앉아 수필을 담근다.
  주제 한 포기와 소재 몇 개, 그리고 여러 가지 양념을 마련했다. 이 정도라면 얼추 꾸밀 수 있을 듯싶어 컴퓨터를 켠다.
  적당히 다듬은 주제를 내 깜냥의 간으로 절인다. 날것의 풋내를 잡기 위해서다. 곧 숨이 죽어 낙낙하니 쓰기 좋게 될 것이다. 소재는 교술과 형상화를 뒤섞어 다른 재료와 버무려 속을 만든다. 심상과 운율과 문체는 독특한 향기가 되고, 묘사와 서사와 설명은 각기 다른 풍미로 맛깔스런 빛깔을 만든다. 어찌 이것만으로 맛이 나겠는가. 독창과 개성이란 젓갈이 간간하면서도 뭉근한 맛을 낼 것이다. 거기에 구성이란 풀을 쑤어 섞으면 겉돌던 재료들이 일관된 통일성으로 훨씬 차질 것이다. 자,

이젠 관조와 성찰의 자세로 속을 채우면 된다. 그리고 숙성을 위해 수없이 읽고 무수히 고치면서 서둘지 않고 익을 때를 기다린다. 헤프거나 메마르지 않은 잔잔한 감동을 지닌 채 근사한 제목의 그릇에 담겨 발표지면의 식탁에 올려 질 것을 기대하면서 말이다.

하지만 매사 쉬운 일이 어디 있던가. 아무리 정성을 다해도 번번이 맛있는 김치가 만들어지는 것은 아니다. 배추가 질겨 망칠 때도 있고 짜거나 싱거워서 버릴 때도 있다. 파와 마늘과 생강도 가끔은 제 몫을 못하고, 멀쩡한 고춧가루도 그저 색깔만 낼뿐 밍밍할 때가 있다. 맛을 더 내려고 넣은 젓갈이 돌연 군내를 풍겨 코를 쥐게 만들 때도 있지 않던가. 열 번 담그면 열 번 다 다르듯이 담글 때마다 여간 조심스러운 것이 아니다.

수필도 매 한가지다. 아무리 성심을 다해도 매양 흡족한 글이 나오진 않는다. 주제가 진부해 망칠 때도 있고 구성이 너무 배거나 성겨 버릴 때도 있다. 심상과 운율과 문체가 부리는 까탈도 만만치 않다. 심상의 신선도가 떨어져 감각적 인상을 불러 오지 못한다거나, 느슨한 운율로 문장이 탄력을 잃어 '말맛'이 사라진다거나, 문체가 독특함을 놓쳐 밋밋한 어조로 일관한다면 이 맛도 저 맛도 아닌 맹탕이 되고 만다. 더욱이 묘사가 따로 놀고 서사가 허접하며 설명이 빗나가면 더더욱 할 말이 없다. 거기에 독창과 개성마저 흐릿하면 그 글은 영락없이 물 탄 술이 되고 만다. 애써 다듬고 매만져도 모자라고 치우치며 끊기고 거칠 뿐이다. 허술하면서도 옹이와 흠집투성이가 된다. 생각할수록 어렵고 힘든 일이다.

  수필을 써온 지 십수 년, 내놓은 글이 벌써 백여 편을 웃돈다. 이젠 길이 날만도 하건만 턱없이 부족한 재주 탓에 언제나 뻑뻑하고 버겁다. 날이 갈수록 책상 앞에 앉기가 막막하다. 머릿속에 큰 탑을 세웠다가도 막상 컴퓨터 자판에 손을 얹으면 일제히 날아가는 새떼처럼 떨구고 간 깃털 몇 개가 고작이다. 그나마 생각만 간절할 뿐 끝내 내 목소리로 영글지 못해 늘 시고 떫다.

  고민도 버릇이 되면 절박하지 않다 했던가. 설렁설렁 빚어놓고도 뉘우침은 언제나 뒷전이다. 좀 더 새로운 것을 다짐해 봐도 노상 거기서 거기다. 내 아둔함이 밉지만 짐짓 눈을 감고 모른 척한다. 천의무봉天衣無縫은 그저 꿈일 뿐, 흉내만 내다 끝나지 않을까 노심초사다. 오늘도 줄 짧은 두레박을 들고 안타깝게 서성거린다. 어둡고 깊은 언어의 우물 곁을.

【해설】

이야기 수필의 장을 열다

신재기(문학평론가)

1. 읽히는 수필

 조헌의 수필은 잘 읽힌다. 이 글을 쓰기 위해 작품집을 완독하면서 별로 지루함을 느끼지 않았다. 드문 경험이었다. 작가론이나 서평 등의 비평문을 쓰려면 작품집 전체를 꼼꼼히 읽어야 한다. 이 과정에서 힘든 일은 가독성 빈곤에서 오는 따분함이다. 개별 작품의 주제나 형식이 엇비슷하여 작품간의 변별성이 잘 드러나지 않을 때는 더더욱 그렇다. 그 작가의 개성 넘치는 수필세계에 빠져들어 작품집 한 권을 단숨에 읽기는 쉽지 않다. 그런데 이번 조헌 수필집의 경우는 달랐다. 무엇에 끌렸는지 읽어 갈수록 작품 속으로 몰입했고, 한 작품이 끝나기 전에 다음 작품이 궁금해지기도 했다.

물론 이는 필자만의 주관적 반응에 불과할 수도 있다. 정반대의 반응을 보일 가능성도 배제하기 어렵다. 따라서 이 평문은 조헌 수필이 '잘 읽힌다'는 필자 개인의 생각이 틀리지 않았다는 점을 입증하는 데 주안점을 둔다.

조헌 수필의 특징은 형식 면에서 강한 서사성, 풍성한 인물 이야기, 일화 채용 등을 꼽을 수 있다. 내용 면에서는 불교적 세계관의 수용과 실천, 이야기에 녹아 있는 삶의 지혜와 윤리적 가치 등이 두드러진다. 독자의 강한 감응을 끌어낸 요인은 아무래도 후자보다는 전자에 있다고 하겠다. 이를 한마디로 요약하면 그의 수필이 서사에 토대를 두었다는 점일 것이다.

2. '이야기 수필'의 미학

1) 이야기하기

조헌 수필의 특징은 '이야기하기', 즉 '서사'가 그 중심에 있다는 점이다. 서사는 조헌의 수필세계를 구축하는 토대이면서 중심 기둥이다. 그의 수필이 독자에게 잘 읽히고 남다른 감동을 준다면, 그 원인은 이야기하기에서 찾을 수 있다. 이 수필집에 수록된 작품 대부분은 서사를 내장한다. 그것이 약할 때도 있으나 서사를 비껴가는 작품은 흔치 않다. 어떤 작품에서는 서사가 소설에서나 볼 수 있을 정도로 극적일 때도 있다. 그런데 수필은 소설과 비교하여 길이가 짧아 입체적이고 역동적인 서사를 담는 데는 한계를 보인다. 경험 조각들을 모아 하나의 통일된 이야기를 만들어야 하고, 여기다가 허구적 장치를 동원해 이야기를 다듬을 여지가 적어 서사성이 강한 수필을 창작하기는 쉽지 않다. 하지만 조헌은 이야기를 구성하는 데 탁월한 능력을 보인다. 그는 실제 경험에 의지하는 수필에서 허구를 차용하는 소설만큼이나 역동적으로 이야기를 전개한다.

① 〈마음속 버팀목〉: 화자는 고등학교 재직할 때 담임을 맡았던 제자 C가 40년 만에 보낸 휴대전화 문자를 받는다. 인사를 올리고 싶다는 내용이다. C는 고등학교에 재학하던 때 동네 불량배의 패싸움에 연루되어 퇴학 처분을 받았던 학생이다. 그 후 C는 대학 검정고시를 거쳐 대학에서 회계학을 전공하고 세무사가 된다. 세무사 일을 하면서 사회 여러 곳에서 봉사활동도 게을리하지 않는다. 화자는 사회에 좋은 일을 하면서 열심히 살아가는 제자에게 학교가 명예졸업장을 수여하도록 주선한다. 그 제자는 고심 끝에 이를 거절한다. 옳고 바르게 살 수 있도록 버팀목이 되어 준 자기 마음속의 그 사람을 지울 수 없기 때문이라고 한다. 작가는 "그는 스스로 만든 스승의 손을 잡고 자신을 이겨낸 승리자"였다고 말한다.

② 〈꽃보다 사람〉: 화자가 45년 전 군대에 근무하던 때, 입대 동

기와 함께 외박 나와 기차를 타고 동기의 집이 있는 대전에 간다. 둘은 모처럼 술을 마시고 잠이 들어 대전에 내리지 못하고 한밤중에 구미에 내리고 만다. 다시 대전으로 돌아갈 기차도 끊기고 역사 안에서도 나올 수밖에 없는 곤란한 상황에 처한다. 숙소를 구할 형편도 못 되어 한겨울 추위를 견디며 헤매다가 산 밑에 있는 어느 여공 합숙소에 이른다. 그곳 남자 주인의 배려로 야간근무로 비어 있는 한 여공의 방에 들어가 잠에 빠진다. 정해진 퇴근 시간보다 일찍 귀가한 여공이 자신의 방에 두 남자가 자는 것을 발견하고 질겁한다. 숙소 전체는 발칵 뒤집어진다. 자초지종을 들은 그 여공은 두 사람에게 콩나물국까지 대접한다. 홍천에서 군대 생활을 하는 자기 오빠 생각이 난다고 한다. 화자와 친구는 그다음 외박 때 일부러 구미를 찾는다.

임의로 선택한 두 작품의 내용이다. 수필은 일상 경험에서 재료를 취한다. 그 경험은 하나의 이야기로 존재한다. 따라서 수필에서 이야기는 낯선 것이 아니라, 수필의 기본 요소다. 그렇다면 조헌 수필의 강한 서사성을 두고 그만의 개성이라고 할 수 있는가? 단순한 일상의 조각들, 즉 순간의 지각적 경험으로는 이야기가 될 수 없다. '이야기'는 작가의 기억에서 '처음 - 중간 - 끝'이라는 매듭을 지니는 경험이다. 더욱이 수필은 길이가 제한적이어서 복잡하고 입체적인 이야기를 풀어내기 어렵다. 수필의 서사는 구조상 단조로울 수밖에 없다. 그래서 많은 수필에서 이야기는 삽화나 일화 수

준에 머물면서 작가의 내면으로 진입하는 입구 역할을 하는 데 그 치고 만다. 이에 극적 전환이나 반전과 같은 특별한 장치가 요구된 다. 반전은 이야기의 극적 효과를 얻을 수 있어 수필과 같은 제한 된 공간에서 서사를 완성하는 데 아주 효율적인 방법이다. 조헌의 이야기 수필은 바로 반전이란 장치를 통해 서사의 효과를 극대화 한다. 위의 작품 ①에서 '제자 C의 명예졸업장 사양', 작품 ②에서 '여공의 콩나물국 대접' 등이 그것이다. 조헌은 수필에서 이야기를 어떻게 전개해야 하는지 그 방법을 익히 아는 작가다. 그에게 이야 기를 전개하는 솜씨는 계획적인 방법 수준을 넘어 체화된 능력으 로 자리 잡은 듯하다.

이야기는 청자에게 어떤 식으로든 세상과 인생살이에 관해 조 언을 주는 양식이다. 그 조언이 직접 드러나기보다는 암시되는 것 이 좋은 서사다. 좋은 서사에서는 작가가 나서서 그 의미를 설명하 지 않는다. 작가의 설명은 서사를 정보 쪽으로 기울게 하기 때문이 다. 정보는 순간적이어서 웅숭깊은 의미를 얇게 만들어 금방 소진 하고 만다. 의미의 발아력을 지속하려면 작가는 이완된 상태에서 이야기를 이어갈 필요가 있다. 모든 걸 다 보이고 말하려는 작가의 조급성이 서사의 질을 떨어뜨리는 주된 요인이다. 확실한 정보와 소통에 쏠리지 않게 원격성을 유지하는 것이 좋은 서사를 만드는 작가의 태도라면, 조헌의 작품에는 작가의 이 같은 태도가 확연하 게 드러난다. 위의 작품 ①, ②를 보자. 모두 40년 전의 기억을 구성한 작품이다. 40년은 원격성을 유지할 만한 시간적 거리다. 특히 ②는 액자형 구성을 취함으로써 화자의 이완된 시각을 구조화한다. 그리고 결미에서도 설명을 자제하고 암시로 끝맺으려는 작가의 의도가 확인된다. ①에서는 "40년 전처럼 그냥 그의 어깨를 감싸 안으며 등을 한참 도닥여 주었다"로, ②에서는 "야박하고 삭막하다는 세상살이. 그때만 해도 인정은 봄날이었고 인심은 불 땐 온돌이었다. 누가 뭐래도 꽃보다 사람이다"로 끝맺는다. ②는 ①과 비교해 작가의 판단 노출이 강하지만, 은유를 통해 직접성을 완화한다. 서사의 본질을 모르고는 실행하기 어려운 창작방법이다.

사람들은 왜 이야기를 좋아하고 이야기에 빠지는가. 이야기가 재미있어서, 인간에게는 이야기 본능이 있기 때문에 등 그 이유는 여러 갈래지만, 대체로 '인간은 서사적 존재이고, 서사는 인간의 근원적인 욕망'이라는 설명으로 귀결되는 것 같다. 이야기 형식을 통해 맥락 없고 무의미한 삶의 파편이 시간적 질서 속으로 편입하여 연속성과 통일성을 얻는다. 그 연속성은 인간이 의미 있는 존재로 살도록 하는 원동력이다. 그런데 이야기의 이 같은 본질적인 특성을 이해하기에 많은 사람이 이야기에 흥미를 느끼고 빠져드는 것은 아니다. 베야민은 "허심탄회하게 이야기를 듣는 자를 움직이는 주도적 관심은 자기가 들은 이야기를 재현할 가능성을 확보하는 일"(〈이야기꾼〉,《서사·기억·비평의 자리》, 도서출판 길, 2012, 439쪽)이라고 하였다. 이야기에 경청하는 것은 '이야기된 것을 기억하고 보존하려는 관심'에서 비롯한다는 말이다. 이야기 듣기는 새로운 이 야기를 생산하는 일이다. 그러기에 이야기하기에 참여하는 사람은 기억을 공유하며 공동체를 이룬다. 이야기에 빠져드는 것은 남의 이야기를 듣는 것이 내가 이야기하는 것과 다르지 않기 때문이다.

오늘날 우리 수필은 대부분 자기 경험을 이야기하기보다는 설명한다. 구조화된 이야기보다는 정보를 앞세운다. 자기 내면의 목소리에 귀를 기울이는 데 골몰한다. 이야기에서는 남의 이야기가 나의 이야기이므로 이야기하는 자와 듣는 자가 하나가 되지만, 자기를 생산하는 데 치우친 자폐적인 수필에서는 수필가와 독자의 공동 영역이 부재한다. 조헌 수필이 이야기하기에 바탕을 두고 있다는 점은 오늘 우리 수필의 반성적 지표가 되기에 충분하다. 그러기에 조헌 수필에서 한국 수필의 새로운 가능성을 발견한다.

2) 인물 이야기

조헌 수필에는 특정 인물에 관해 이야기하는 작품이 상당수 있다. 삼풍백화점 붕괴 참사 때 세 딸을 잃은 뒤 일평생 나눔을 실천하면서 산 정광진 변호사 이야기(〈사랑이 답이다〉), 교사로 재직하면서 만났던 제자 이야기(〈마음속 버팀목〉, 〈벽, 담, 문〉, 〈가슴 아픈 비상〉, 〈모든 벽은 문이다-둘〉, 〈구원환상〉), 친구 및 지인 이야기(〈묵직한 고추장 단지〉, 〈잘 아문 상처에선 향기가 난다〉, 〈스미듯 번지는 향기〉, 〈스스로 보석이 되려 하오〉, 〈맑은 차를 따르고 향을 사르네〉), 길거리에서 우연히 만난 방황하는 젊은이 이야기(〈세상은 '불난 집'〉), 등산길에서 마주친 후안무치한 어느 남자에 관한 이야기(〈부끄러움, 땅에 처박히다〉), 부모님 이야기(〈애기똥풀〉, 〈쫀득한 장수 비결〉, 〈대추나무와 아버지〉, 〈남의 것도 아껴라〉, 〈풀 수 없는 보따리〉, 〈동치미국수〉) 등은 인물 수필에 해당하는 작품이다. 그 수가 무려 20여 편에 달하니 이번 수필집의 반 가까운 작품이 인물 수필인 셈이다. 작가 자신에 관한 이야기와 고백이 수필의 일반적인 모습이다. 그런데 이번 조헌 수필집에서 인물 수필은 자신의 이야기를 담아낸 작품보다 그 수가 더 많다. 그의 수필이 수필의 일반적 경향을 뛰어넘어 그만의 고유한 성격을 확연하게 보여준 셈이다. 이는 조헌 수필의 지향점과 그 성과를 잘 말해 주는 부분이다.

'인물 수필'은 수필계에서 정착되어 통용되는 개념은 아니다. 쉽게 말해서 작가가 특정 인물에 관해 이야기하는 작품을 지칭하는 개념으로 보면 된다. 수필은 대개 작가 자신에 관해 이야기하는 방식을 취한다. 작가도 한 사람의 인물인지라 모든 수필은 인물 수필이 될 수 있다. 하지만 여기서 말하는 인물 수필은 이런 차원에서 말하는 것이 아니다. 화자의 위치, 즉 시점 측면에서 보자. 대부분의 수필은 일인칭 주인공 시점을 취한다. 반면에 인물 수필은 '관찰자 시점'을 취한다. 관찰자 시점에는 일인칭 관찰자 시점과 삼인칭 관찰자 시점이 있다. 수필에서는 대상 인물과 화자인 '나'

의 관계가 문맥에 드러나는 경우가 일반적이므로 일인칭 관찰자 시점이 인물 수필의 중심 형식이다. 따라서 화자가 특정 인물을 관찰, 탐색하면서 그에 관해 이야기하는 작품을 '인물 수필'로 규정할 수 있다.

인물 수필의 토대는 서사이다. 서사의 중심에 놓인 인물은 일반적으로 사건을 유발하는 행위자이면서 동시에 개성적인 성격과 심리를 노출하는 존재이기도 하다. 수필에서는 어쩔 수 없이 사건 중심보다는 성격 중심의 서사를 취할 수밖에 없다. 즉 단선적이고 압축된 서사 구조를 통해 인물의 개성을 부각한다. 사건에 예속된 인물보다는 뚜렷한 개성과 가치관을 보여주는 인물을 대상으로 채택하는 것은 당연하다. 인물 수필에 해당하는 조헌의 작품도 마찬가지다. 특별한 사건과 행위의 주인공이 아니라, 독특한 내면성과 뚜렷한 가치관을 가진 존재자로서 인물을 제시하는 경우가 대부분이다. 그들은 평범하면서도 비범하다. 대중의 인습적인 삶의 태도를 거부하며 새로운 가치를 찾아 나선 문제아들이다. 조헌 수필에 등장하는 인물은 실재하는 인물이지만, 다른 측면에서 보면 작가가 창조한 인물이다. 작가의 가치관과 세계관이 투사된 인물이기도 하다. 그래서 그의 인물 수필이 돋보인다.

인물 수필의 또 다른 측면은 윤리적인 지향이 강하다는 점이다. 조헌 수필은 등장인물의 행동과 삶의 태도를 통해 작가의 윤리적 지향을 효율적으로 보여준다. 문학은 인간 삶에 관해 이야기한다.

인간을 탐구하는 것이 문학이다. 넓은 의미에서 문학은 인간학이다. 오랫동안 문학이 인문학의 중심에 있었던 까닭도 문학이 인간 탐구를 중심 과업으로 삼아왔기 때문이다. 수필문학도 마찬가지다. 인간 삶과 세상 돌아가는 모습에 관심을 쏟는다. 수필도 다양한 측면에서 인간 존재의 의미를 묻고, 인간다운 삶의 방법을 탐색한다. 수필이 작가의 실제 경험에 토대를 두는 문학이기에 수필작품에는 작가의 개인적인 삶의 태도가 다른 문학 장르에 비해 훨씬 직접적으로 드러난다. 더욱이 수필은 독자를 바로 앞에 두고 자신의 관점과 생각을 이야기한다. 독자와 가까운 거리만큼 수필가는 이야기 과정에서 윤리적 태도를 취할 수밖에 없다. 이런 점에서 수필은 다른 어떤 장르보다 페르소나를 더 두텁게 형성하는 것은 당연하다. 하지만 윤리적 지향이 작품 전체에 형상화되지 못하고 작가의 직접적인 목소리로 노출되는 순간 작품의 문학적 가치는 반감되고 만다. 윤리성이란 짐을 원죄처럼 안고 있으면서 그것을 편하게 노출하지 못하는 것이 수필이 아니겠는가. 그 출구 찾기는 어렵다. 조헌이 찾아낸 출구는 무엇인가. 바로 인물 수필이다. 그의 수필에서 등장인물은 작가의 윤리적 지향을 매개하는 효율적인 방책으로 작동한다. 조헌의 인물 수필이 거둔 성과는 수필의 기본 책무인 윤리적 지향을, 심미성을 크게 훼손하지 않는 범위 안에서 함축적으로 드러냈다는 점일 것이다.

3) 유비類比로서 일화

 서사와 인물 이야기가 조헌 수필을 관통하는 미학적 토대라면, 이 같은 작품의 완성미를 더해주는 부분이 일화와 결합한 유비 구조이다. 유비는 차이 나는 두 개의 화제를 동일성 속으로 묶는 일이다. 서로 다른 사물, 사건, 사태 사이에서 유사성이나 동일성을 찾아 사유를 확장하는 것이 유비다. 조헌 수필은 서사나 인물 이야기 과정에서 자주 '일화'를 끌어온다. 불교설화, 공자일화, 우화, 신화, 에피소드, 특정한 책에서 가져온 예화 등 일화의 모습은 다양한데, 불교설화가 큰 비중을 차지한다. 작품〈묵직한 고추장 단지〉에서《여씨춘추》〈임수〉편에 나오는 공자일화,〈스미듯 번지는 향기〉에서《법화경》에 나오는 불경보살 일화,〈아난阿難, 고개를 끄덕이다〉에서 부처님과 제자 아난의 대화,〈그냥 당할 수 있다〉에서 칼에 찔린 사뮈엘 베케트 일화,〈스스로 보석이 되려 하오〉에서 힌두신화 '야마의 돌',〈색난色難, 효도의 어려움〉에서《논어》'위정편'에 나오는 공자일화 등 그 범위가 넓고 다양하다.

 조헌 수필에서 채용된 일화 등은 그 자체가 주는 의미와 교훈을 되새기기 위한 것이 아니다. 작가가 선택한 경험적 서사에 의미를 부여하고 해석을 심화하는 방편으로 끌어온 것이다. 비유의 구조로 본다면 작가 의도를 구체화하는 보조관념으로 채택한 것이 일화이다. 교술문학으로 수필에서는 작가가 전면에 나서서 경험적 서사에 의미를 부여하고 해석하는 것이 일반적이다. 그런데 조헌 수필에서와 같이 굳이 일화 등을 끌어와 유비 구조를 취할 필요가 있는가. 이러한 일화와 결합하는 유비 구조의 수필이 얻을 수 있는 효과는 무엇인가.

수필은 소설과 비교하여 길이가 짧아 이야기를 담을 수 있는 그릇의 용량이 적다. 입체적 인물이나 복잡한 사건은 수필이 담아내기에 적절치 못한다. 이에 수필은 서사적 경험을 가능하면 압축할 필요가 있다. 압축의 힘이 강해질수록 서사성은 약해진다. 압축과 서사성은 반비례하기 때문이다. 제한된 용량에 서사성을 극대화하기 위해 일화를 도입한다. 그리고 일화, 설화, 우화 등에는 삶에 관한 교훈과 지혜가 집약돼 있다. 작가는 직접 나서지 않고도 일화를 통해 주제를 구현할 수 있다. 일화가 일종의 비유라는 점에서 일화 채용은 미학적이다. 이처럼 조헌 수필에서 일화 삽입은 주제를 효율적으로 구현하면서 심미적 효과를 한층 더 높인다.

조헌 수필의 일화 차용이 수필의 미적 효과를 더해주기는 하나 과용되는 경향이 없지 않다. 일화 등이 주제를 선명하게 부각하는 반면에 주제를 교훈적인 경향으로 쏠리도록 할 때도 있다. 적잖은 작품에서 이러한 방식이 반복됨으로써 창작방법의 패턴화 내지는 도식화라는 오해를 받을 수도 있다. 아무리 좋은 방법도 반복되면 그 긴장감이 떨어질 수밖에 없는 법이다.

3. 삶의 진실을 깨우쳐 주는 스승

1) 삶의 철학으로서 불교

수필은 자기 삶의 내면을 성찰하는 글쓰기다. 다른 어떤 장르보다 삶에 관한 작가의 태도가 직접적으로 드러나는 것이 수필이다. '삶의 철학'은 개별 작품에서도 중요한 무게를 차지하지만, 한 권의 작품집이나 한 작가의 전체 수필세계를 인식하는 핵심 요소이기도 하다. '삶의 철학'이란 요소를 제외하고는 그 수필가의 문학적 성과를 평가하기 어렵다. 물론 그것을 수용하는 독자와 비평가의 시선은 개별 작품에 명시적으로 드러나는 사상이나 철학의 몇 구절보다는 작가의 수필세계 전반에 녹아 있는 그것의 가치를 읽어내야 한다. 여기에는 메타적인 시각이 필요하다.

'삶의 철학'이란 측면에서 조헌 수필은 '불교'에 그 토대를 두고 있다. 그렇다고 그의 수필이 '불교사상' 혹은 '불교철학'을 형이상학적으로 설파하는 것은 아니다. 작가는 불교의 가르침에 의지하여 삶의 진실과 지혜를 제시한다. 불교를 방향등으로 삼아 자유로운 존재로서 자기를 정립하고 삶의 윤리적 완성을 탐색한다. 그의 수필은 불교명상 실천, 출가학교 입교 수행, 불교경전 및 불교 관련 서적 인용(독서), 고승 관련 일화 가져오기, 유명 스님의 삶을 통한 구도자의 참모습 보여 주기 등 다양한 방식으로 불문佛門을 두

드린다. 생활에 밀착하여 대승화된 불교의 원리와 철학이 작품에 다양한 모습으로 녹아 있다. 하지만 그것은 불교의 특정한 사상으로보다는 생활철학이나 윤리와 결합한 상태로 드러난다. 다시 말해 조헌 수필에서 불교의 원리나 사상은 그 자체가 목적이 아니라 삶의 궁극적인 문제를 풀어내는 데 실마리를 제공할 따름이다. 조헌에게 불교는 세상을 바라보는 창이고, 인간 존재와 삶을 해석하는 잣대와 같은 것이다.

작품 〈아난阿難, 고개를 끄덕이다〉를 읽어본다. 화자가 어머니를 모시고 병원에 가는 날, 아들 부부의 임신 소식을 접한다. 병원에서는 나이 들어 병마의 고통이 사람을 얼마나 옥죄는지 어머니를 통해 느낀다. 병원에서 집으로 돌아와 한 통의 전화를 받는다. 친척 아주머니의 부고다. 그녀는 아들을 앞세우고 치매를 앓다가 오늘에서야 고단한 생을 마친다. 화자는 "생로병사. 인생 파노라마가 영화 장면처럼 펼쳐진다. 세상 어디에 변하지 않는 것이 있으랴. 삶이란 걷잡지 못할 변화에 쉼 없이 꺼둘리다 어느 날 돌연 문을 닫고 만다는 사실이 생생했던 하루였다"라고 하면서 부처님과 그 제자 아난의 대화를 끌어온다. 삼라만상의 모든 존재는 변화하며, 고정된 실체는 없다는 점을 새삼 되새긴다. 불변의 본체는 따로 있는 것이 아니라, 무상한 변화가 바로 본체라는 뜻이다. 마침내 불교사상의 요체인 '제행무상諸行無常'을 깨닫는다.

작품 〈목불木佛은 불속을 지날 수 없다〉의 내용은 이렇다. 작가는 아들과 함께 영주 부석사 단하각에 모셔진 단하선사 나한상을 본다. 단하선사는 목불을 쪼개어 불을 땐 중국 육조 시대 승려다. 추석 차례 때 큰아들이 써놓은 지방을 둘째 아들이 훌쩍 타넘는다. 혼백이 담긴 신주를 동생이 넘었으니 다시 써야 하지 않겠냐고 큰아들이 화자에게 물어온다. 화자는 "존경심에 차례를 모시는 것이지 글자 몇 개 적어놓은 지방을 위한 건 아닐 거야"라고 답하며 단하선사의 설화를 가져온다. 결미에서는 "진리를 더욱 또렷하게 찾기 위해서는 두 손에 쥐고 있는 아만이나 집착, 그리고 자신이 만든 상을 전부 내려놓아야 한다"는 불교의 '무심'에 이른다. 단하선사 나한상을 보고 목불을 쪼개 불을 땠다는 단하선사의 설화를 가져와 차례 때 있었던 일화와 연결하며 불교의 진리에 다가간다.

조헌은 이처럼 '무상'과 '무심'이란 불교의 중심 사상을 형이상학적으로 설명하지 않는다. 그에게 중요한 것은 이성이나 관념을 통해 불교의 원리를 이해하는 것이 아니라, 깨달음을 깊이 새기며 그것을 생활에 실천하는 일이다. '단기출가학교'에 입교하여 불교의 가르침을 직접 체험하기도 하고, 일상에서 명상을 통해 불교에서 터득한 지혜를 생활 속에 접목하기도 한다. 이처럼 불교는 그의 삶의 한가운데 있다. 더 나아가 조헌의 수필은 불교의 가르침을 토대로 인간 존재의 근원적 의미를 탐색하고 인간 삶의 윤리를 제시한다. 불교 친화적인 조헌 수필이 신뢰감과 공감력을 발휘하는 까닭도 여기에 있다고 하겠다.

2) 스승으로서 부모님

조헌 수필에서 부모님 이야기도 무게 있는 한 영역을 차지한다. 조헌은 자기 부모님에 관한 이런저런 이야기를 통해 생활의 지혜를 깨치며, 늙고 병들어 마침내 죽음을 맞이해야 하는 인간 삶의 궁극적인 의미가 무엇인지 사유한다.

그의 양친은 매우 연로하다. 아버지는 100세이고, 어머니는 96세이다. 두 분은 이북에서 결혼하고 얼마 되지 않은 1.4후퇴 때 월남하여 실향민으로 살아왔다. 작가는 지금 같은 공간에서 생활하지는 않지만 가까운 거리에서 부모님을 보살핀다. 부모에게 자식의 도리와 책임을 다하려고 애쓰는 효자이다. 작가의 부모님은 전쟁 중에 남으로 넘어와 무연고의 허허벌판에서 가정을 이루며 살아온 분들이다. 그 삶의 여정이 얼마나 지난했겠는가. 70세 가까운 나이의 화자가 고투의 삶을 살아온 부모님을 바라본다. 아들로서 연민과 회한의 감정을 주체하기 어려울 것이다. 그렇지만 작가는 부모님에 대한 연민의 감정이나 효심을 특별하게 드러내지 않는다. 개인의 감정 분출을 자제하며 중도의 시선을 유지한다. 쉬운 일이 아니다. 수필에서 가족 서사를 펼치는 수필가 대부분은 흥분과 감상에 빠지거나 아니면 페르소나의 볼륨을 높인다. 자기 부모 이야기를 하면서 적정한 거리를 유지하는 부분에서 수필가 조헌이 진정한 이야기꾼임을 재차 확인한다.

조헌 수필에서 아버지 어머니는 인생의 스승으로 구현된다. 이북서 피난 내려와 맨주먹으로 일가를 이룬 아버지는 절약과 검소함이 몸에 뱄다. "안 쓰고 모으는 아버지의 신조는 차돌처럼 단단하고 빈틈없었다"(〈남의 것도 아껴라〉). 고생을 대물림하지 않겠다는 아버지의 절약과 근검함이 더러 가족을 숨 막히게 하거나 짜증을 불러올 때도 있다. 하지만 작가는 "자식의 번번한 그루터기를 위해 평생토록 바람벽이 되어 주신 아버지의 주름 팬 얼굴을 떠올리면 그만 코끝이 찡해진다"라고 한다. 아버지의 검소함을 인색함과 구별하지 못하고 노상 징징대기만 했던 자신의 못남을 자책한다. 아버지의 진정성 넘치는 삶의 자세는 여기서 끝나지 않는다. 동네 길섶 대추나무 가지가 부러진 것을 보고서는 붕대와 반창고로 싸매고 나무젓가락으로 부목을 대어 끈으로 정성들여 동여맨다(〈대추나무와 아버지〉). 생명의 존귀함을 몸소 실천하는 아버지의 모습에서 작가는 "우주 진리 그 거대한 신을 향해 고개를 숙이는 겸허한 구도자의 모습"을 발견한다. 이런 아버지는 작가에게 삶의 진정한 자세가 어떤 것인지 몸소 실천해 보이는 큰 스승이다.

부모가 자식에게 무한한 사랑을 쏟는다면, 자식은 공경과 효도로 보답하는 것이 도리이다. '효'는 오랫동안 우리 사회를 지배해 온 유교문화의 핵심이다. 인간의 도덕적 완성에서 빼놓을 수 없는 보편적인 덕목이 바로 '효'다. 하지만 '효'의 가치는 21세기 사회에서는 과학적 실용성과 자본주의의 물질숭배에 밀려 붕괴하고 말았다. 사회 변화와 무관하게 부모의 '희생'이나 '사랑'과 비교하여 자식의 '효'는 언제나 부족하기 마련이다. 작가는 이 같은 효의 어려움과 부족함을 공자의 '색난色難'이란 말로 드러낸다. 작품 〈색난色難, 효도의 어려움〉에서 화자에게 짜증 섞인 표정을 짓는 자신의 아들이나 고령의 부모님을 수긋하게 대하지 못하고 매양 채근하는 자신이 다를 바 없다는 생각에 미친다. 효의 근본은 물질적 보답이나 별난 호강을 베푸는 것이 아닐 터이다. 그것은 평상시 부모를 향한 자식의 온화한 표정과 다감한 말에서 비롯된다. 효에 관한 작가의 이러한 생각은 특별한 것이 아니다. 중요한 것은 이 시대에 아직까지 빛바랜 '효'를 고민하고 있다는 사실 자체이다.

자식이 부모를 바라보면서 가슴 아픈 부분은 부모가 늙고 병들어 가는 모습일 것이다. 조헌은 고령인 부모님을 병원에 자주 모시고 가야 할 상황에 있다. 그때마다 인간의 생로병사에 관해, 인간 존재의 본질에 관해 사유한다. 연로하신 부모님은 타자가 아니라 작가 자신이기도 하다. 다리 수술로 병원에 입원한 아버지의 변 수발을 들면서 작가는 "늙음과 죽음, 인간이 필연코 질 수밖에 없는 싸움에서 어떡하면 품위 있고 슬기롭게 백기를 들 수 있는지"(〈애기똥풀〉)에 관해 생각한다. 작가도 병원 출입을 피할 수 없는 노인의 나이다. 늙고 병드는 것은 작가 자신에게도 해당하는 문제다. 그래서 "담담하고 고분고분 늙어가는 것, 그것이 바로 내 삶의 주인이 되어 초연하고 당당하게 사는 길"(〈불로초는 없다〉)이라며 자기 자신을 다독인다.

　이것은 생각과 말로써는 가능하지만, 현실에서는 늘 어긋날 수밖에 없다. 이런 까닭에 동서고금의 현자들은 죽음에 관해 조언을 그치지 않았고, 철학자나 문학가도 삶과 죽음이란 화두를 떨쳐버리지 못했던 것이다. 그것은 답을 구할 수 없지만 외면할 수 없는 문제이다. 죽음을 바라보지 않고는 흔들리는 자기 존재를 주체할 수 없기 때문이다. 조헌의 작품에도 죽음에 관한 사유가 곳곳에 산재한다. 그중 "죽음을 배워라. 그래야만 삶을 배울 것이다"라는 대목이 강한 인상으로 다가온다. 살아간다는 것은 그 진실과 가치를 찾아가는 여정이다. 그 진실과 가치를 찾는 일은 죽음이란 인간 존재의 한계를 전제하지 않고는 불가능하다. 죽음은 삶의 진실을 찾아가는 이정표이다. 삶의 지혜와 의미는 죽음을 배색으로 설정할 때 드러나는 법이다.

　죽음은 삶의 끝이 아니라 삶의 전부를 집약해 놓은 한 지점이다. 그것은 점이면서 선이다. 발터 벤야민은 "죽음은 이야기꾼이 보고할 수 있는 모든 것에 대한 인준이다"라고 하였다. 이야기꾼은 죽음을 통해 삶의 의미를 조언해 준다는 뜻이 아니겠는가. 이때 이야기는 자연사 Naturgeschichte로서 죽음에 수렴된다. 좋은 이야기꾼은 죽음과 결합된 삶을 이야기한다. 조헌 수필 곳곳에 나타나는 죽음 이야기에서 인간 존재와 삶의 근원을 사유하는 작가의 진지한 태도를 발견한다. 조헌은 여기서도 좋은 이야기꾼이다.

4. 자기 존재의 본연 찾기

조헌의 이번 수필집이 이룬 최고의 성과는 이야기 수필과 인물 수필의 가능성을 보여주었다는 점이다. 디지털 시대가 본격화되면서 문학은 독자 이탈이라는 위기를 맞이했다. 시간적 연속성이 없는 디지털 정보의 폭주로 이야기 문학은 주변으로 밀려났다. 수많은 수필이 생산되지만, 그것을 읽는 독자층은 갈수록 얇아지고 있다. 수필이 독자에게 다가갈 수 있는 방책을 모색하는 일은 이 시대 수필가에게 주어진 중요한 책무이다. 이런 점에서 조헌의 이야기 수필과 인물 수필은 그 대안이 될 수 있다. 이야기를 듣는 사람은 언제나 이야기꾼과 함께하기 때문이다.

그렇다고 조헌이 수필의 새로운 장을 열겠다는 야심이나 의도를 가지고 활동하는 수필가는 아니다. 수필문학이 오랫동안 지켜온 '진정한 자아 찾기'는 조헌의 수필 쓰기에서도 유효하다. 그가 이 수필집의 표제를 《나는 매일 아침 솔숲에 다녀온다》로 정한 것에서도 이 점을 확인할 수 있다. '솔숲'은 은유이고 상징이다. 그곳은 마음을 가다듬어 평정을 찾는 명상의 시공간이다. 자기 자신을 객관적으로 바라보고 자유로운 존재로 돌아가고자 하는 '명상'은 그의 수필 쓰기와 같은 이름이다. 조헌에게 수필 쓰기는 자기 본연의 존재를 찾아가는 길목에 있다.